人生の壁がパッと消える
「量子力学的」仕事術

Obstacle to life

村松大輔
Daisuke Muramatsu

サンマーク出版

まえがき

生きていれば、誰もが、なんらかの「壁」にぶち当たります。簡単に超えられる壁もあるし、先の見えない高い壁もある。びくともしない分厚い壁もあるでしょう。

壁を前にしたとき、みなさんは、どうしていますか？　次の3つが多いかもしれません。

①根性で乗り越える
②挑む前にあきらめる
③挑んでダメだったら、あきらめる

私もそうです。子供の頃は〝気合と根性〟で壁をぶち破ってきました。武道家の家庭で育った私は、進路を決める際、父から「大輔、腹を切る覚悟があるか」と決意を試されたこともあります。日本刀も自宅にありました。おかげで、たいていのことはなんとかなりました。「空手5段」も「東大合格」も、気合と根性で乗り越えたのです。

ところが社会に出てからは、壁に阻まれることが多くなりました。気合を入れて挑んでも跳ね返される。根性でしがみついても振り飛ばされる。そのうち、ぶつかるのが怖くなり、挑む前にあきらめるようになりました。不甲斐《ふがい》ない自分を「ダメな人間だ」と責め、落ち込む日々。病院では「うつ病」と診断されました。いまから12年前のことです。

空手部の気合・根性で育ってきた私は、「感情は気合でコントロールできる」と本当に思っていましたが、心が折れて初めて、「オレはこれだけ辛《つら》かったんだ」と自分のネガティブ感情を認めることができました。そして女子社員から勧められ、自分ほめ・感謝行を始めたらウソのように現象が一変し始めたのです。

その半年後、「意識は素粒子フォトン」ということを知りました。「素粒子ということは、大学の授業にあった量子力学の範囲だから、いろいろと説明がつく！」と考えました。大学の量子力学では「意識が素粒子」といった内容ではなく、無機質な範囲でした。しかし、実際にうつから好転した私のメンタルの変化をフォトンで振り返ってみると、「オレに起きている現象は、オレの意図によって起こっていたんだ！」と気づいたのです。

周りをどうにかしようとするのではなく、意図を変える。すると、目の前にあった高い壁や、ぶつかっても動かなかった分厚い壁は、パッと消えていきます。苦労して壁を超えるとか、努力してぶち破るというのではなく、いつの間にか消えていて、スーッと道が開ける感じになっていくのです。


なぜ、壁が消えるのか。現象が一変するのか？

それは〝この世の仕組み〟だからです。

物質も現象も、すべて量子からできているからなのです。

「量子」を「小麦粉」に置き換えて考えると、イメージしやすいかもしれません。

例えば、あなたが小麦粉をこねて、パンをつくるとします。

どんなパンができますか？

食パンですか、アンパンですか、クロワッサンですか。どんなパンでもつくれます。

パンではなく、うどんやお好み焼きだってつくれます。つまり、自分の意図したものをつくることができるわけです。

これが〝この世の仕組み〟です。あなたの体も、あなたに起こる現象も、あなたが意図してつくったものです。

目の前に立ちはだかる〝壁〟も同じです。壁という現象も、あなたが意図してつくったものです。巨大なパンをつくるかのように、壁をつくり、目の前に置いているのです。

「ウソでしょ！　だって、わざわざ壁なんて、自分からつくらないでしょ」

おっしゃる通りです。でも、あなたの〝意図〟は、あなたが思っているより複雑で、深《しん》淵《えん》です。自分では意識しない〝何か〟が、壁をつくっているのです。

〝何か〟とは何なのか？　答えは「フォトン」という量子なのですが、その存在が意識できるよう、また自分で意識的にコントロールできるよう、この本では導いていきます。

「でも、量子と小麦粉は違うでしょ。パンをつくるのとはワケが違う」

その反論も、ごもっともです。もちろん「量子」と「小麦粉」は同じではありません。でも仕組みは同じです。この世のすべての物質や現象は、量子が集まってできたものであり、意図によって姿カタチをつくり替えることができるのです。

本当に変わるの？

はい、本当です。事実、私がそうなりました。そして、私の塾に通う学生や、話を聞いてくださった9万人の方が、ご自身の激変ぶりに驚かれます。また、私のYouTubeチャンネルを視聴してくださる6万人以上の方も次々と変わり始めています。

信じられないかもしれませんが、これは事実です。

この本は、量子力学を学ぶ参考書ではありませんが、量子力学をベースに、実生活に生かせるように応用した〝活学〟です。人生のあらゆる場面で使える「生き方のヒント」です。

今回はとくにビジネスシーンでも役立つよう意識しました。

仕事というのは〝壁だらけ〟ですから、私の目の前にあった壁が消えたように、あなたの壁も消えてなくなったらいいな、と願ってのことです。

仕事の壁で、いちばん大きなものは「人間関係の壁」でしょう。「アイデアの壁」もありますね。「時間の壁」や「お金の壁」「ONとOFFの壁」など、障壁ばかりですよね。

さまざまな壁が、あなたの本来の能力と魅力を封じ込めています。なので、壁が消えると仕事がうまくいくだけでなく、あなたの本来の才能や魅力がどんどん溢《あふ》れ出てきます。

どうやって壁を消すの？　その方法をこの本でお話しします。方法だけでなく「なぜ壁が消えるのか」「なぜ現象が一変するのか」という理論も、わかりやすく説明します。

今回の本では、新たな工夫も施しました。レベル1～3の「3つの階層」を通じて、どんどん深まるようにしてあります。深まるほど、壁は消えやすくなります。というより、壁そのものがなくなります。すると、争いごともなくなります。

いかがでしょう？　目の前の壁がパッと消えたら、どんなに素晴らしいか。壁のない世界を、多くの方に知ってほしいと思います。

村松大輔

目次

第1章

「3つの階層」を理解する

――この本の上手な読み方――

第2章 「人間関係の壁」を消す …… 61

第3章 「アイデアの壁」を消す

第4章

「時間の壁」を消す

郵 便 は が き

料金受取人払郵便

新宿北局承認

9197

差出有効期間
2026年 4 月
30日まで
切手を貼らずに
お出しください。

169-8790

174

東京都新宿区
北新宿2-21-1
新宿フロントタワー29F

サンマーク出版愛読者係行

ご 住 所	〒 都道府県	
フリガナ		☎
お 名 前		(　　　)
電子メールアドレス		

ご記入されたご住所、お名前、メールアドレスなどは企画の参考、企画用アンケートの依頼、および商品情報の案内の目的にのみ使用するもので、他の目的では使用いたしません。
尚、下記をご希望の方には無料で郵送いたしますので、□欄に✓印を記入し投函して下さい。
□サンマーク出版発行図書目録

1 お買い求めいただいた本の名。

2 本書をお読みになった感想。

3 お買い求めになった書店名。

市・区・郡　　　　　　　　町・村　　　　　　　　書店

4 本書をお買い求めになった動機は?

・書店で見て　　　・人にすすめられて
・新聞広告を見て(朝日・読売・毎日・日経・その他＝　　　)
・雑誌広告を見て(掲載誌＝　　　)
・その他(　　　)

ご購読ありがとうございます。今後の出版物の参考とさせていただきますので、上記のアンケートにお答えください。**抽選で毎月10名の方に図書カード(1000円分)をお送りします。** なお、ご記入いただいた個人情報以外のデータは編集資料の他、広告に使用させていただく場合がございます。

5 下記、ご記入お願いします。

ご職業	1 会社員(業種　　) 3 公務員(職種　　) 5 主婦		2 自営業(業種　　) 4 学生(中・高・高専・大・専門・院) 6 その他(　　)
性別	男・女	年齢	歳

ホームページ　http://www.sunmark.co.jp　　ご協力ありがとうございました。

エピローグ

case9 他者を生かし、自分を生かすために……210

あとがき……231

装丁……萩原弦一郎（256）
本文DTP……朝日メディアインターナショナル
構成……山城稔（BE-million）
校閲……株式会社ぷれす
編集……新井一哉（サンマーク出版）

プロローグ

「壁」は自分でつくっている

量子力学は仏教とも深く結びついている

「量子力学とは何か」については、前著でも話していますので、今回は少し趣向を変え、違った角度から迫ってみたいと思います。

量子力学はよく「仏教との類似性がある」と言われます。アメリカのシリコンバレーの技術者たちの中には、マインドフルネスを大切にする人が続出しました。いわゆる〝瞑《めい》想《そう》〟ですが、その原点は〝座禅〟にあります。

彼らの多くは瞑想をするだけでなく、仏教の教えにも精通しています。日本でも昨今、仏教が再び注目を集めていますが、それはシリコンバレーを経由して仏教が〝逆輸入〟される形になったことも影響しているのでしょう。

ハイテク産業の開拓者たちが、なぜ仏教を求めたのか？　それは先端科学が求める答えが仏教の中にあったからなのかもしれません。そこで今回は「仏教と量子力学との類似点」も少し意識しながら、お話しさせていただこうと思います。

岡山大学の医学部に「量子力学にも仏教にも詳しいドクター」がいらっしゃいました。水原舜爾《みずはらしゅんじ》先生。その水原先生は、こう話しています。

「仏教の存在論は、物理学が進んでいく究極のところを先取りしていた、と言ってよい」

つまり「最新の科学である量子力学や宇宙理論が究明しようとしていることを、仏教はすでに説いてますよ」ということです。仏教は2500年前の教えですが、この時点ですでに現在の科学が解明しようとしている真理に迫っていたわけですね。

天才物理学者・アインシュタイン博士も、同じような考えでした。

「物理学にいちばん近い宗教は仏教である」とか「もし現代の物理学のニーズに応えられる宗教があるとすれば、それは仏教であろう」などと、事あるごとに話しています。

日本の科学者も例外ではありません。「中間子」（量子のひとつ）を発見し、ノーベル物理学賞を受賞した湯川秀樹博士も、次のような話をされています。

「ノーベル賞を受けた中間子理論のヒントは般若心経に書いてある。『色即是空《しきそくぜくう》』によって現代物理学が見事に説明できる。しかも今日では実験的に証明されている」と。

「色即是空」という言葉は、みなさんも聞いたことがあるでしょう。

「この世にある物質や事象は、すべて実体がなく〝空《くう》〟ですよ」という意味です。

仏教の根幹をなす教えですが、まさにこれは「量子力学」の核心でもあるのです。

「宇宙のすべてを支配する数式」がある

仏教と科学が、それぞれ違う場所から〝真理は何か〟と掘り下げていったら、同じものが出てきた――。おもしろいと思いませんか？

ちなみに、山田耕雲老師という有名なお坊さんは、次のような言葉を残しています。

「私は将来、理論物理学が、禅のいわゆる法空《ほっくう》という事実、『無《む》一物《いちもつ》中《ちゅう》無《む》尽蔵《じんぞう》』という事実、さらに『色即是空、空即是色』という事実を、数学を使って明確に証明する日の来ることを信じて疑わない」

図1 「宇宙のすべてを支配する数式」の一部

とくに重要なのがここ!!
F(x):フォトン(想い・意識・感情)と
ψ(x):アップクォークなど物質の対生成・対消滅

$$-\frac{1}{4}\sum_{j=1}^{3} tr(F_{\mu\nu}^{(j)}(x))^2$$

フォトン、強い力、弱い力のx, y, z, t

$$+\sum_{f}\bar{\Psi}^{f}(x)\, iD\Psi^{f}(x)$$

対生成・対消滅

【意識】【感情】と【対生成】【対消滅】が
宇宙のいたるところでどんなときも波の重ね合わせになっている!

ちょっと難しいので、わかりやすく言い換えてみます。

「物質というのは、何もない〝空《くう》〟から生まれている。〝空〟は何もないように思えるけど、見えないだけで、そこには無尽蔵のエネルギーがある。そのエネルギーが物質や現象を生み出しているのだ」。そして「この事実は数学的に証明される」と、老師は予言をしているのです。

近年、老師の予言通り、量子力学は次々と見えない世界の法則を証明し始めています。

一例として、理論物理学者・橋本幸士教授が詳しい、すごい数式があります。

その名もズバリ「宇宙のすべてを支配する

数式」。

とても難しいので、詳しくは説明しませんが、重力や質量のこと、物質化のこと、いろいろな力のこと、宇宙のすべてをこれで表そうという数式です。私がとくに重要と思うのが、前ページの図1の部分です。

式中の「$F(x)$」は「意識や感情」なども含めた量子（フォトン）のこと。

そして「$\Psi(x)$」は物質になる量子のことです。Ψは「プサイ」と読みます。意味がわからなくてもまったくOKです。

この式は、次のようなことを表していると私は感じています。

「宇宙のいたるところで、意識や感情の量子（フォトン）によって物質の基になる量子も消えたり生まれたりしている」と。

ここからは私流の解釈ですが、「私たちの意識が宇宙を揺らしている。その結果、物質化や現象化も起きている」ということを表しているのではないでしょうか。

つまり、**全宇宙は場のエネルギーで充満していて、その場が揺れることで物質ができたり、現象が起きたりしている**ということなのです。

私たちの存在は、超速で動く〝ひも〟の残像にすぎない

ちょっと前置きが長くなりましたが、ここからは量子力学の〝復習〟を始めたいと思います。まずは、ご自身の体を触りながら、実感してみましょう。

私たちは、それぞれ肉体を持っています。皮膚や筋肉があります。骨や血管もあります。心臓、肺、胃や腸などの内臓があります。

これらはすべて「細胞」でできています。小さな細胞がたくさん集まって、肌や臓器を形成しているのです。人体をつくる細胞の数は、およそ37兆個と言われます。つまり、私たちの体を粉々に分解していくと「約37兆個の細胞」になるわけです。

でも、これで終わりではありません。「細胞」はさらに細かくできます。

ひとつの細胞は、水素・酸素・炭素・窒素などの「原子」からできています。

さらに、原子の中には「原子核」があります。ここまでは中学校の理科で習います。

もっと細かくしていきましょう。

図2●私たちのミクロと量子力学の関係●

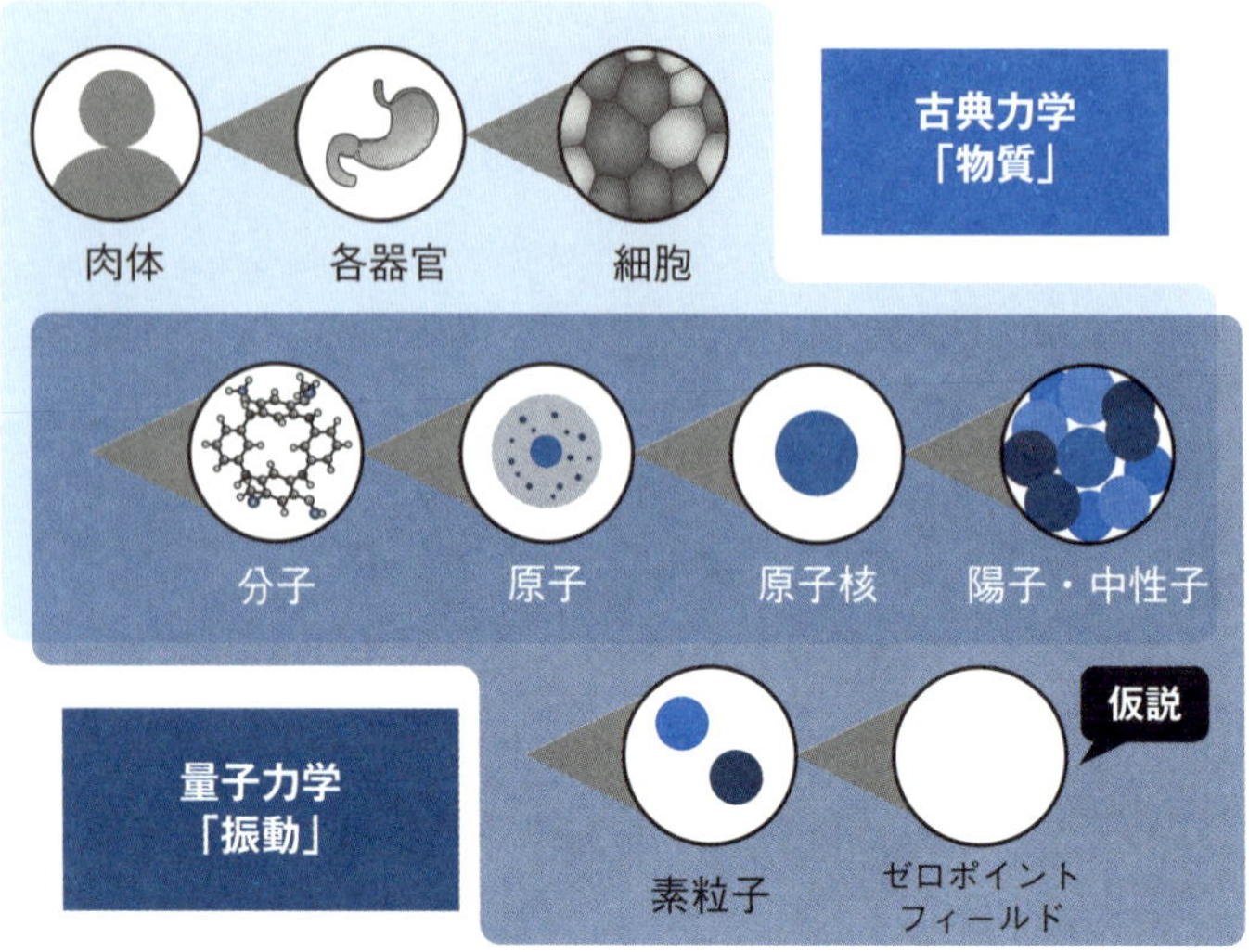

原子核の中には「陽子」と「中性子」が入っています。

陽子と中性子の中には、それぞれ3粒の「素粒子」が入っています。もうこれ以上は細かくできません。そこで〝粒子の素〟＝「素粒子」と名付けられたわけです。

素粒子はどんな状態なのか？

イメージとしては「小さなひもがすごい速さでブワーッと揺れている」ような状態です。このため最新の物理学では「超ひも理論」という表現もされるようになりました。ひもが超速で動くため、チカチカ点滅しているようにも見えるし、消えたり現れたりするようにも見えます。

いずれにしても、ひもは揺れて〝波〟の

状態にあります。量子に「波動」とか「エネルギー」などの表現がつきものなのは、こうした理由によるのです。

本書では、よりわかりやすくお読みいただくために、〝ひも〟の考えは外していくので、安心して読み進めてくださいね。

「量子の世界」から見ると、私たちはモワモワの雲みたいに不確かな存在

ちなみに、量子力学は「日本国語大辞典」には次のように説明されています。

「素粒子・原子・原子核・分子など微視的な粒子に関する、古典力学とは異なる力学体系」。ちょっとわかりにくいですね。

文部科学省の説明にはこうあります。

「量子の世界は、原子や分子といったナノサイズあるいはそれよりも小さな世界」

なるほどー。ですけど、これもまたわかりにくい。量子が「ミクロの世界」の話だとい

うことはわかるのですが、なんだかピンときません。そこで、次のようにイメージするといいと思います。

素粒子は、粒のように見えるけど、波動であり、その波動が無数に集まって連動して物質をつくっている——と。

つまり、物質は確固たるモノに見えても、実際は波が揺れているような状態なのです。

私はこれを〝モワモワの雲〟と表現しています。電子の場合は「電子雲」（エレクトロン・クラウド）と、世界で通じる科学的な言葉で呼ばれています。

素粒子は不思議な動きをするため、１００年前くらいまでは〝謎の存在〟とされていました。しかし、ようやくこの20年くらいで、その不思議な実態がわかってきました。物理学の中でも「量子力学」が最新科学と言われるのは、このためです。

そもそもの物理学は、物質の構造や動きなどの法則を解き明かすものでしたが、不思議な量子の性質を究明するには、新たな概念を用いる必要がありました。そこで、旧来の物質世界は「古典力学」、量子の不思議な振動世界は「量子力学」と、区別しているのです。

物質は〝場〟でつながり合っている

物質というのは、単に粒々が集まっているわけではなく、波でつながり合っている。それをつなげているのが〝場〟という概念です。

〝場〟については、前著の『「量子力学的」実践術』でも話しました。〝場〟は「素粒子を生む大元《おおもと》」のことです。エネルギーに満ちた状態で、静まり返っています。

湖面をイメージするとわかりやすいでしょう。

何もないときは、湖面は静かです。しかし、小さな石が湖面に落ちると、ポチャンと水が飛び跳ね、湖面は揺れます。その揺れは、隣の〝場〟を揺らし、次の波、次の波へと伝《でん》播《ぱ》しながら、広がっていきます。いわゆる波紋ですね。

頭の中で想像できたでしょうか？

素粒子はこれと似ています。最初に飛び跳ねた小さな水滴も素粒子ですし、そこから広がっていく波（振動）のひとつひとつも素粒子です。

実際は、湖面ではなく、何もない〝場〟です。無数の素粒子が次々と出てきて、集団を形成し、モワモワの雲のように見えます。

これがあなたであり、私です。あなたの座っている椅子も、読んでいる本も、傍《そば》にあるスマホも、このようにモワモワの雲です。

〝場〟の振動が素粒子であり、それが集まって分子になり、細胞になり、その集大成として物質となる。つまり、物質は**〝場の結果〟**というわけです。

私たちは「自分」と「机」は別々の物だと思っています。「あなた」と「私」は別々の存在だと思っているでしょう。しかし、実際は同じ〝場〟の結果であり、〝場〟でつながり合っているのです。

ところで、湖面に落ちる粒は、どこから飛んでくるのでしょうか？

答えは、どこからでも飛んでくる——。例えば、私たちの「意識」や「思考」もそのひとつです。じつは、意識や思考の正体は〝フォトン〟という素粒子です。

あなたが「ありがとう」という意識を飛ばせば、湖面は「ありがとう」で揺れます。その波紋は広がっていき「ありがとう」の素粒子（波動）が次々と生まれていきます。すると「ありがとう」と物質化したり、現象化したりする、というわけです。

〝場〟そのものには、感情や思考はありません。湖面は鏡のようなものですから、入ってきたものを素直に映します。何も入ってこなければ何も映さないし、笑顔が入ってくれば笑顔を映します。怒りが入ってくれば怒りを映す。ありのままを映してくれるのです（わかりやすさを優先するため、説明を簡略していることをご了承ください）。

仏教の「色即是空」を量子力学で説明すると

私はこれまで「ゼロポイントフィールド」という概念を何度も話してきました。ひと言で言うと「すべてを生み出す根源」です。いわゆる〝場〟のことです。先ほどの説明で言うと「湖面」です。

ゼロポイントフィールドという概念は、物理学の世界でも広く認知されてきていますが、現時点ではまだ仮説の域を出ていません。しかし「素粒子がどこから生まれるのか？」と考えたとき、なんらかの〝エネルギーフィールド〟の存在が必要です。根源がなければ素粒子は生まれないので、素粒子が発生する〝場〟があることは確実です。

その〝場〟というのがゼロポイントフィールド（以下、ＺＰＦ）なのです。

素粒子は、ＺＰＦから発生します。厳密に言うと、素粒子は〝振動〟であり、場が揺れているだけなのですが、一部のポイント的な揺れを「粒」と見ているのです。その粒（振動）が物質や現象をつくっているわけです。これは否定しようのない事実です。

そして、この事実に２５００年前に気づいたのが、仏教です。

「色即是空、空即是色」という言葉を聞いたことがあるでしょう。般若心経の中に書かれている一節です。仏教の多くの宗派で般若心経を用い、「色即是空、空即是色」と読み上げています。仏教の〝核心〟とも言える大事な部分なのです。

どんな意味なのか？

「空」とは、「なんでも生み出す宇宙大生命の背景」です。「色」とは、「物質や現象」のことです。「色《しき》とは即《すなわ》ち是《こ》れ空《くう》」である。つまり、「物質や現象は、なんでも生み出す宇宙大生命の結果」と言っているわけです。

「物質や現象」とは、即ち「空」である。要するに「物質や現象は実体がない」と言っています。まさに、**あらゆる可能性の場であるZPFから素粒子が生まれ、それが物質や現象になる、**ということを言い表しているのです。

お釈迦《しゃか》さまは、なぜそれに気づいたのでしょうか？

やはり〝この世の真理〟であり、そこをお釈迦さまは瞑想などを通して気づかれたのだと思います。その真理を量子力学は科学的探究によって解明し始めていると考えられます。

ゼロポイントフィールドは私たちの中にもある

ZPFと素粒子、そして物質の関係はどうなっているのか？　私がよく子供たちに説明しているたとえ話で解説しますね。

青空に浮かんでいる雲の正体は水蒸気、ということはみなさん疑いようもなく当たり前のことだと思ってます。水の粒々が集まってできたのが雲ですよね。雲は遠くから眺めると、乗ることができそうな物体に見えますが、雲の中に入るとどうでしょう？
霧ですよね。小さな水の粒が集まったものにすぎないのです。**「青空に水滴が浮かんでいて、それを雲と見ている」**ということに気づくでしょうか？　雲の向こうにも青空はありますが、**雲の中にも青空はある。**青空に雲が浮かんでいるだけ。雲が現れたり消えたりするけど、**青空は永遠に存在する。**これが「色即是空」のイメージです。

じつは、私たちもこれと同じです。肉体は粒の集まりでしかありません。この素粒子がＺＰＦに浮かんでいる。**「ＺＰＦに素粒子が浮かんでいて、それを肉体と見ている」**だけ。つまり、私たちの中にもＺＰＦはあるのです。そして肉体は１００年という規模で現れたり消えたりするけれど、**ＺＰＦは永遠に存在する。**

もちろん、お釈迦さまは「ＺＰＦ」の存在を知りません。しかし、何もない〝空《くう》〟が、じつは見えないエネルギーに満ち溢《あふ》れている場で、そこから〝色《しき》〟が生まれることに気づかれたのでしょう。

私たちの命もそのように生まれてくる。そして、死んだらカタチ（色）はなくなるが、エネルギーは〝空〟に還《かえ》っていくと、感覚的に悟ったのかもしれません。

では、〝空〟（ＺＰＦ）はどこにあるのでしょうか？　ＺＰＦは〝フィールド〟とあるので、どこか特別な場所のように思えますが、そうではないのです。私たちの中にもあるし、空《そら》にもあるし、宇宙にもあるし、すべての物質の中にもある。

〝ある〟というよりは、宇宙全体に広がっているというイメージです。湖面のように広がっていて、その一部が振動して、あなたが存在したり、私が存在したり、さまざまな物質や現象が生じたりしているのです。

仏教を知ると、量子力学の世界が深く理解できる

そういえば、昨年、滋賀県大津市の「滋賀院門跡」というお寺の本堂で、興味深い書に出会いました。力強い大書で「一微塵《いちみじん》」と書かれています。説明書きにこうありました。

「眼に見える物の最小の分子を一微塵という（兎の毛の最端と思えばよい）。この世で眼

に見えるすべてはこの微塵の集まりである。したがって、わずかでも物に執着すると、やがては物の虜《とりこ》になるから、物にとらわれないようにせよということを教えている」と。

眼に見える「物質」だけでなく、執着という「意識」も、物の虜になるという「現象」も、この世のすべての事象は、一微塵（素粒子）から成っているというわけです。そして、宇宙のすべての一微塵（素粒子）は、空（ＺＰＦ）の中に重なっていて、空から生まれているのです。


鎌倉時代に活躍した僧侶、道元さんをご存じでしょう。道元さんは、自身が残した『真如観』（鎌倉時代初期）という教えの中で、次のように話しています。

「我目の前の一微塵計の中に、十方世界一切仏菩薩《ぼさつ》在ます」と。

つまり「私の目の前には宇宙が広がっており、一微塵（素粒子）が満ちている。そこには仏も菩薩もすべてがある」と言っているわけです。

道元さんのこの言葉だけを見ると「ちょっと何言ってるかわかんない」となるところですが、量子力学を知ると、「あーなるほど」となります。「ＺＰＦは私たちの目の前にあり、そこにはすべての物質や現象の素になる素粒子が満ちている。仏も菩薩も含め、すべては

ＺＰＦの中にあり、求めれば姿を現す」と。

巨大な無意識が現象を引き起こす

私はこれまでの著書で、「観測すると確率が１に近づく」とか「意図すると１になる」と話してきました。イメージとしては、次のような感じです。

「観測」や「意図」をするということは、フォトンという素粒子を静かな湖面に投げるようなもので、静かだったＺＰＦに波が生じ、その波は隣へと波及していきます。

「バカヤロー」という意図（フォトン）をぶつけると、バカヤローの波が起き（素粒子が生まれ）、バカヤローの波が広がっていき、バカヤローの粒がポンポン飛び出します。

「ありがとう」という思いで観測（フォトン）すると、ありがとうの波が起き（素粒子が生まれ）、ありがとうの波が広がっていき、ありがとうの粒がポンポン飛び出します。

粒が多ければ多いほど、物質化や現象化は起こりやすくなります。なぜか？

それは、**意図（フォトン）がエネルギーだから**です。強く意図すると、大量のフォトンがＺＰＦにぶつかります。すると、大きな波が起こり、ＺＰＦから生まれる素粒子も多くなります。強く思ったり、長く思い続けたりすることが現象化しやすいのは、こうした仕組みがあるからなのです。

よく「不安が的中してしまった」などと言いますが、それは不安のフォトンを強くぶつけているからです。意識というのは、頭に浮かんだことばかりではありません。むしろ無意識に考えていることのほうが、よっぽど多いものです。

あなたも経験あるでしょう。不安があるときに「大丈夫」と頭の中で打ち消しても、ふと気づくと、心配していたりします。つまり、心の奥底で、常に不安のフォトンを飛ばしているわけです。

不安が的中しやすいのは、このためです。

私たちの体がスカスカなのはスマホを使うとよくわかる

量子力学の世界が、なんとなくわかってきたでしょうか？

目に見えない世界なので、実感するのは難しいですよね。「私たちの体は粒々でできている」とか「モワモワの雲のようなものだ」と言われてもピンとこないのは当然です。だって、ボールを体に向かって投げたら通り抜けませんから。人が勢いよく当たってきたら跳ね飛ばされますしね。このため誰もが、目の前にある物体を〝固体〟と思い込んでしまうのです。

ところが、体を通り抜けるものがあります。何か思い浮かびますか？

スマホの電波がそうですね。四六時中、縦横無尽に、電磁波は私たちの体を通り抜けています。いま、この瞬間もスルスル～スルスル～と、あなたの体の中を通っています。電磁波が通り抜けるのは、体だけではありません。硬い建物の壁まで通り抜けます。例えばGoogleマップを使うと、自分の居場所がわかりますよね。それは、人工衛星が飛ばしたGPS（全地球測位システム）の電磁波がコンクリートを通り抜けて、あなたのスマホに届くからです。

コンクリートはとても硬い物質に見えますが、実際は、粒々の集合体でしかありません。電磁波（素粒子）からすれば、人間の体も建物の壁も、スカスカの雲のような存在なので、スーッと通り抜けられるのです。

あなたのイライラが他の人に伝播してしまう理由

ちなみに、スマホの電磁波もフォトンという素粒子です。フォトンは「光子」とも呼ばれます。光の粒ですね。意識や感情も同じくフォトンです。つまりX線や電磁波と同類の素粒子なのです。

ここでちょっと、量子の世界をイメージしてみましょう。

あなたが家に帰ると奥さんや子供がいます。

でも、素粒子から見たら、いないのです。そこには雲しかない。意識の雲がモワモワ〜とあるだけです。

あなたが帰宅すると〝奥さんらしき雲〟がピンク色に光っています。何かいいことがあったのかもしれませんね。

いっぽう、あなたは仕事で疲れて少しイライラしています。どんよりとグレーの雲です。

奥さんらしき雲から「おかえりなさい。お疲れさま〜」という優しいピンクのフォトンがブワーッと飛んでくると、あなたのグレーの雲にピンクが混じってゆらゆら揺れ始めます。「ありがたいなあ」という感情が増えて、ピンクの雲になってきます。

このとき、もしあなたが、奥さんらしき雲に対して、イライラのフォトンをぶつけたらどうなるでしょうか？　奥さんらしき雲のピンクは、たちまちグレーに染まってイライラで揺れ始めてしまいます。これが量子の世界なのです。

こうなると、物質世界では、夫婦喧嘩《げんか》が始まります。

妻「なんで怒ってるの？」

夫「いや、怒ってないよ！」
妻「怒ってるわよ。そんなしかめっ面して」
夫「これが俺の素の顔だよ。そもそもな、俺はお前みたいに呑気《のんき》な立場じゃないんだよ」
最悪の展開です（笑）。ひょっとしたら、みなさんも経験あるかもしれませんね。

物質側から見ると、「なんだこいつは」とか「なんてダメなんだ」と思うのですが、**見えない側（量子側）では「いい」も「悪い」もなく、ただモワモワ～ッと揺れているだけ**です。**それをどう揺らすかは、どんなフォトン（素粒子）を飛ばすかにかかっています。**

意識や感情はフォトンですから、全身からブワーッと飛んでいきます。粒が飛んでいくというよりは、**空間全体（場）がブワーッと揺れる感じ**です。

「よくやってるね。ありがとうね」と感謝すると、ありがとうフォトンの大波が全身から出て、場が喜びで揺れます。すると、それが波及していくわけです。

見方を変えると自分の本当の存在に気づき、現象も変わり始める

量子の世界がよりはっきりイメージできる図がこちらです（次ページ図3）。モワモワの雲をつくっている粒々は、真っ黒なZPFから出てきています。粒々に見えますが、実際は超高速の振動（波）です。

あなたの粒々（波）も、私の粒々（波）も、同じ粒々（波）でしかありません。そこには「あなたの波」とか「私の波」という区別はありません。単に揺れているだけです。

人間だけではありません。建物も同じ粒々（波）からできています。あなたが手に持っているスマホも、お尻の下にある椅子も同じ粒々（波）です。同じZPFから出てきた素粒子によってできたものです。

イラストの黒い背景がZPFです（あくまでもイメージです。実際のZPFは仮説であり、黒いという色もありません）。点々は素粒子を集めた原子です。実際には、場の振動でしかないため、粒があちこちに消えたり現れたりするように見えます。

図3●私たちはモワモワの集合●

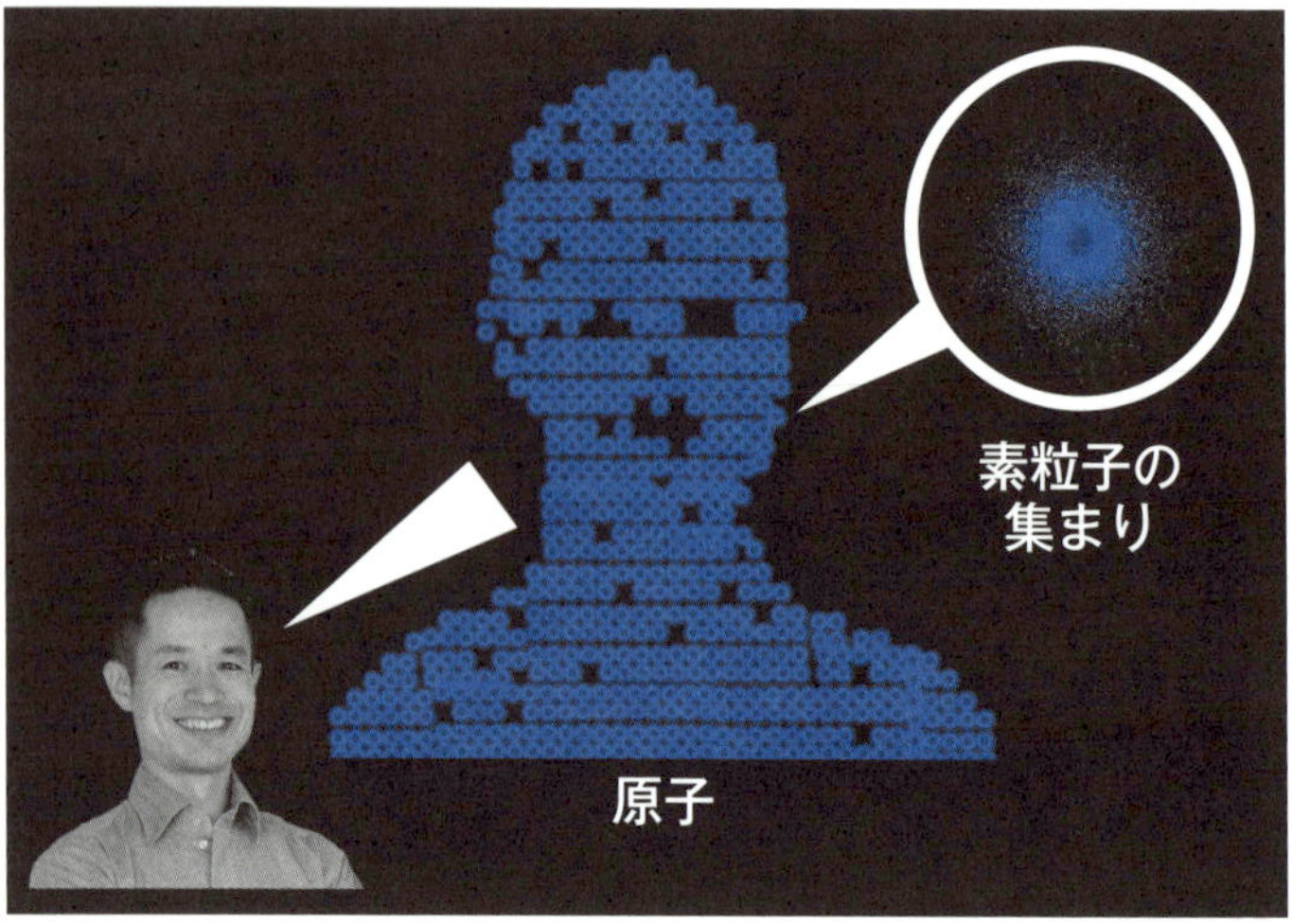

その粒の集合体が、私であり、あなたです。黒い側（ZPF側）から見たら、私もあなたも、同じ存在でしかないのです。

私がこんな話をすると、次のような反論が返ってきます。

「でも実際には、別々の存在ですよね？　だって、私は村松さんとは違う人間でしょ」

はい、その通りです。しかしそれは「物質側」から見ているからです。

物質側は、目に見える世界です。なので、あなたと私は別物と捉えます。

ところが、見方を変えると、その認識は一変します。

すべてを生み出す根源側の「ZPF」から

見たら、あなたも私も同じです。雲の例で言うと、イワシ雲と入道雲のようなものです。見える側は異なりますが、どちらも「青空に浮かんでいる水滴」で、温度や標高という条件で見た目や性質が変わるだけ。同様に、私もあなたも「ＺＰＦ」に浮かんでいるのです。

このように、見方を変えると、同じものがまるで違って見えます。見方というよりは「どの深さで見るか？」ということです。これを「視座」と表現させてもらいました。

物質側の浅い視座で見るのか、根源側（ＺＰＦ側）の深い視座で見るのか？　視座の深さによって、物事の捉え方が変わるだけでなく、得られる物質や起こる現象も変わってくるのです。

浅い階層で見ると壁ができ、深い階層で見ると壁が消える

ちなみに「視座」は仏教用語のひとつです。仏教には宗派によって、さまざまな視座があります。浄土宗では「他力の視座」という言葉があり、阿弥陀仏《あみだぶつ》の慈悲を頼りにします。

図4● 3つの階層の視座を青空にたとえると●

階層	階層	階層
レベル3 (ZPF層)	青空	雷雲の中にもある。 水蒸気の背景。 生み出す源。
レベル2 (素粒子層)	水蒸気	得体がしれない。 さわれない。 位置が決まらない。
レベル1 (物質層)	雲	塊に見えてしまう。 青空とは別物に捉えて しまう。

禅宗では、自らの体験や直感を大事にする「直接の視座」や、教えや伝統を重視する「間接の視座」などもあります。

さまざまな視座を持つことで、より深い人間理解や、物事への深い洞察ができますよね。私たちはひとりひとり、異なる視座を持ちながら生きていますから、より広く、より深い視座を持つことで、いろいろな立場を理解し、柔軟な対応ができます。仏教が「視座」を重んじるのはこのためかと思っています。

私が話している〝量子力学的な視座〟は、アプローチこそ違いますが、根っこの部分は同じです。深い視座を持つほど、より根源的なところで、おたがいを理解し合うことができ、人間同士の垣根が消えていきます。

この本では、レベル1から3までの「3つの階層の視座」を用意しました（図4）。**レベル1は「物質層」での視座**です。これは、私たちの〝通常の見方〟と言えます。物を物質として見たり、自他を区別したりする見方です。**レベル2は「素粒子層」での視座**です。いわゆる〝量子力学的な見方〟です。物質を構成する粒々（波）側から捉える見方です。**レベル3は「ZPF層」での視座**です。これは〝すべてを生み出す根源側からの見方〟です。これまでの本と比べても、一段深い層からのアプローチと言えます。

この本では、いつもは「レベル1の物質層」で物事を捉えている人も、徐々に「レベル2の素粒子層」での見方ができるようになり、最後は「レベル3のZPF層」の深い視座で見られるよう、さまざまな話をしていきたいと思います。

レベル3のZPF層で物事が捉えられるようになると、自分と他者との境目がなくなります。すると、あなたの前にあった壁がパッと消えてなくなり、現象が一変するのを実感できるようになります。

正確に言うと、壁は消えたのではなく、そもそも最初からなかったのですが、それに気づくようになるのです。レベル3の視座から見ると、「自分で壁をつくり、世界を狭めて苦しんでいた」ということが理解できます。その瞬間に、壁はパッと消えていきます。

このように、見えない側（量子側）の仕組みを知っていると、現象をどんどん動かせるようになります。得られる物質も変わってきます。何より自分自身が変わってきます。うれしい波で自分を揺らすと、本来の才能や魅力がどんどん出てくるのです。

第1章

「3つの階層」を理解する

——この本の上手な読み方——

才能や魅力がどんどん湧き出てくる
壁が消えると

私は群馬県の沼田市で「開華」という学習塾を11年やってきましたが、そこでは生徒の〝能力開発〟に重点を置いていました。もちろん勉強も教えますが、量子力学の考え方を伝えるのが、私の使命だと思っているのです。

数学の方程式の解き方を覚えることも大事です。でも、もっと大事なのは、自分の中にあるすごい力に気づくこと。それには、量子力学がとても参考になります。なぜなら、量子力学はすべての本質を解明しようとする学問だからです。

この本の「レベル1」〜「レベル3」を図で表すと、図5のようになります。

レベル3の「ZPF層」は「すべての根源」のため、中心に置いています。レベル2の「素粒子層」は根源側のZPF層から生じ、レベル1の「物質層」は素粒子の集まりによって構成されているわけです。

図5 ３つの階層の構成イメージ

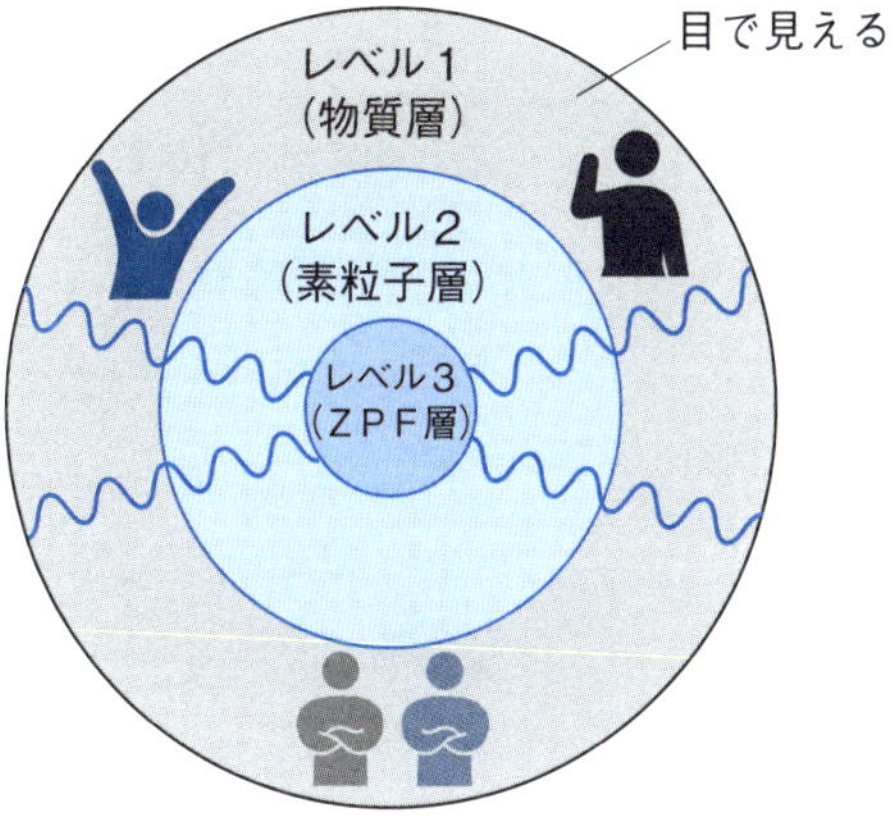

私の塾では、これを雲や青空にたとえて説明しています。

レベル１の物質層では、雨雲と雷雲がおたがいを別々の存在だと思っています。「俺とお前は違うんだ。お前、いつも暗い顔して雷鳴らせないだろ！」とか「あなたこそいつも雷で怒ってばかりじゃん」みたいな感じで、目で見えることを比較して、喜んだり悲しんだり怒ったり笑ったりしています。

レベル２の素粒子層では、物質や現象の〝素〟に気づきます。「俺とお前は違うけど、同じ水蒸気だよね」とか「風が吹けば揺らいじゃうもんね」などと、おたがいを理解し合おうとしたり、何かに固執しても意味がないと気づいたりします。

レベル3のZPF層では、根源側に立つことができます。「青空がないと雲は生まれないでしょ」とか「そもそも私は青空で、時々、私の中から雨雲や雷雲が出たりするけどね」と、自分次第でどのようにもなれるということに気づくのです。

あなたも私も「神ってる」

鎌倉時代の高僧・大燈《だいとう》国師は、次の言葉を残しています。

「自性もとより仏なり。さらに仏を求むべからず」

あなたはもともと神っているのだから、外側に神様や仏様を求める必要はないんですよ、ということです。

塾で子供たちに、そう話すと、とても喜びます。

生徒との会話はこんな感じです。仮に、アサヒ君としましょう。


「先生、僕って神なの？」

「そうだよ。だってさ、アサヒ君、昨日の夜、何食べた？」

「えーっとね、ハンバーグとご飯！　サラダも」

「いいね。食べたハンバーグとご飯、サラダはどうなった？」

「胃で消化されて栄養になった」

「すごい！　もうそれが神じゃん!!」

「え、それが神なの？」

「だってさ、胃には胃酸っていう強い消化液があって、それが食べ物を溶かすんでしょ。でも、その消化液は胃袋を溶かさないよね。そして溶かしたものを材料にして、アサヒ君の目や脳や骨をつくっているんだよ。それってすごくない？」

「うん、たしかにすごい！」

「それね、科学は発達してるのに、人工ではできないんだよ」

「え、そうなんだ。僕のカラダ、神じゃん！」

「そうだよ！　アサヒ君の存在自体が、すでに神ってるんだよ！」

自分の仏性や神性に気づくと、その瞬間に子供は変わり始めます。それまでは「僕は頭が悪い」とか「私は〇〇が苦手」と言っていた子に、自信が芽生え始めます。おそらく素粒子レベルでは、「できそう」というフォトンがブワーッと出始めているのでしょう。

私が塾でやっているのは、子供たちを物質側ではなく「根源側」で見ることです。すると子供たちも、深い視座で自分を見るようになり〝壁〟が崩れてくるのです。

その結果、抑え込まれていた魅力や才能が、どんどん溢《あふ》れるように出てくるのです。

3つの階層では何が起こるか

この本では、レベル1〜3の「3つの階層」を示していきます。まずは、それぞれの階層の特徴を挙げておこうと思います。

3つの階層の特徴

レベル	呼び名	考え方のもと	イメージ	現象	視座
1	物質層	古典力学	パワー／優劣／我慢／損得／社会評価	動かない／変えられない	物質側
2	素粒子層	量子力学	周波数／意識／波動／魂	意識で動く／引き寄せ	周波数側
3	ゼロポイントフィールド層	量子力学（仮説）	根源／神仏／無限／ワンネス	直感／運ばれる／想像を超える	全体が私

ざっくり表現すると、こんな感じでしょうか。もちろん「レベル1はダメ」で「レベル3が優れている」などと言うのではありません。そもそも私たちは、レベル1の物質層に生まれて、物質世界の価値観で生きてきたわけですから、いま、レベル1の階層にいることは、当たり前だと言えます。

また、レベル3の階層にいる人が特殊とか、特別だと言うつもりもありません。そもそも私たちは、根源側から生じた素粒子の集合体にすぎないからです。

〝レベル〟という表現をされると、どうしても「優れてる」とか「劣ってる」と考えてしまいがちですが、それも物質世界の価値観が身についているからです。

この本で紹介する「3つの階層」は、あくまでも〝ものの見方〟、つまり「視座」です。階層を変えて物事を見ると、物質や現象が違ったように見えてきます。そして不思議なことに、目の前に現れる物質や起こる現象が変わってきます。驚くと思いますよ。

でも、これまた多くの人が経験していることですが、一度は「ZPF側」の見方ができるようになった人も、気がつくと「物質側」の見方をしていたりします。

当たり前ですよね。私たちは物質世界に生きているわけですから。

焦ることはありません。何度も行ったり来たりしながら、少しずつ「素粒子側」での見方ができるようになり、そのうち自然と「ZPF側」で見られるようになります。

視座を変えるちょっとしたコツ

次章から、シーン別に「3つの階層」を示していきます。この本では、実際に視座を変えて〝壁がパッと消えた〟9人の体験者に話を聞きました。観念で話すより、具体的な実例で述べたほうが伝わりやすいと思ったからです。

お話を伺った方々は、みなさん大きな壁が目の前に立ちはだかり、悩みや挫折をくり返して、中には〝人生の底〟を見たような人もいます。でもいまは、その壁も消え、自分のやりたいことや、目標実現に向かって進んでいます。

「うんうん、それは大変だったね」「わかるわかる」と、心を寄せながら読んでくださるといいと思います。〝根源側〟の視座を持つための第一歩になるからです。

くり返しになりますが、あなたと私、あなたと誰かは、別々の存在ではありません。素粒子側から見れば、同じ素粒子でできたモワモワの雲です。ZPF側から見れば、あなたも他者も、同じ根源の〝一部〟です。つまり、**「あの人」もあなただし、あなたも「あの人」なのです。**

そう言うと、「えー、何？　よくわかんない」とか「ちょっと待って、怪しい」と思うかもしれませんね。でも、これは「そう思いなさい」とか「信じましょう」という類のものではありません。

いまはまだ理解できなくても、この本を読み終わったときには、「私はあなた」で「あなたは私」ということが、理屈を超えて、感覚としてわかってもらえると思います。

あなたはいま「3つの階層」のどこにいる?

試しに、レベル1～3がどういうものか、たとえ話をしてみます。

以下は「社員との関係をよくしたい」と悩んでいた会社の社長さんの例です。

小さな会社ですから、社長さんと社員さんは手の届く距離で仕事をしているのですが、社長さんは〝心の距離〟を感じていました。そして、社員が自分を非難しているように見えて、次第に意思の疎通がうまくできなくなっていったのです。

職場にはどんよりムードが漂い、それぞれが心の中で「あいつが悪い」「社長が無能だ」と罵るようになりました。業績がよければムードも一変するのでしょうが、業績は一向に上がりません。「どうしたらいいか?」と悩む社長さん(小栗康行さん・仮名)に、私は次のように話しました。

「小栗社長は、今、レベル1の物質側で人間関係を捉えています。仮に、小栗社長はマックブックエアーを使っているとしましょう。社員さんはアップルウォッチを使う人、タブレットの人、スマホの人など、それぞれです。で、小栗社長は、スマホを使う社員に向かって、こう言うんですね。『お前、操作遅いな。俺なんか10本指でやってるから仕事がどんどん進むぞ。なにチンタラやってるんだよ』と。

するとと、社員さんは、こう言い返します。

『でも社長、マックブックエアーじゃ改札を通れませんよね。僕なんかピッて通れますよ』

このように、物質的な機種の違いや機能の違いで『こっちがいい』『お前はダメだ』と言い合っているのが、レベル1です。いまの小栗社長と社員はこんな感じなんです」

そう話すと、小栗社長は「うん、まあそんな感じかも」と言い、「で、レベル2だと、どうなるのですか?」と聞いてきます。私は続けて話しました。

「レベル2は、周波数側で人間関係を捉えます。小栗社長のマックブックエアーも、社員のスマホも、同じ周波数、同じWi-Fiでつながり合っているることが理解できるんです。同じ経営理念でつながっているようなものです。『俺と君たちは、機能こそ違うけど、同じ周波数の経営理念の下で仕事をしている。だからそれぞれの端末のよさを生かそうよ』というふうに、周波数を大事にするのがレベル2」

小栗社長は、「なるほどー」と明るい声で返してきます。私は話を続けました。

「レベル3は、Wi-Fiという周波数、つまり経営理念そのものが小栗社長なんです。小栗社長はWi-Fiなので、マックブックエアーも動かせるし、アップルウォッチもスマホも動かせるんです。というより、それぞれを動かしている感覚なんてなくなってきます。自分を生かそうと思うだけで、各人がそれぞれ自分を生かし始める。すると、すべてが好転していきます。小栗社長は『社員は俺だ』と思うでしょうし、社員も『社長は僕だ』と思い始める。区別がなくなって、全体が私になる。これがレベル3です」

そう話すと、小栗社長は「うーん、なんとなくわかるような、わからないような」と苦笑い。さすがに、ここまでくると、理解するのは難しいのかもしれません（笑）。

私の経験では、レベル3のZPF層の視座ができてくると、根源側のつながりが実感できるようになります。大きな仕事が舞い込んだり、困ったときに救いの手が差し伸べられたり、意図したことが実現したりします。まさに〝願いが叶《かな》う〟とか〝渡りに船〟という状態が訪れるようになります。

〝壁〟などは感じません。もちろんすべてがうまくいくわけではなく、困難な状態も訪れます。しかし、それさえも「自分の人生の一部」と肯定的に捉えられるようになります。

いかがでしょう。あなたはいま、レベル1〜3のどの階層にいるでしょうか？　あるいは、どの視座で物事を見ているでしょうか？

以下、各章の初めに、自分のいまの段階を知るためのチェックシートを用意しました。各章の本文を読み進める前に、いま自分はどのあたりにいるのか、印をつけてみましょう。じっくり考えず、直感的に印をつけてください。

印と一緒に「日付」を入れておくのもいいですね。この本を読み終わったときに、どんな変化が現れるのか。数か月、数年経《た》ったときにどうなっているのか、自身の変化に気づくこともできます。

第2章

「人間関係の壁」を消す

人間関係の「階層」に気づくチェックシート

レベル1・物質層：居心地の悪い人間関係が多い。よくケンカをする。相手を変えようとしている。

レベル2・素粒子層：居心地のよくない人間関係を自分から変えていこうとする。望ましい引き寄せが起こりやすい。おたがいの心の動きを大切にしている。

レベル3・ZPF層：個人個人ではなく、全体のエネルギーを見ている。自分と周りの人の存在に、同等に感謝をしている。愛・感謝の周波数が私そのもので、その結果、個人の私や仲間がいる。

なぜ、人間関係の悩みは解決できないのか？

人間関係の悩みは幅広く、例を挙げていけばキリがありません。

確かなのは、本人にとっては、どの悩みも辛《つら》いということです。誰かに相談すれば、「大変ね」と慰めてくれたり、アドバイスをしてくれたりします。でも、根本的な解決にはならないことがほとんどです。なぜか？

人間関係の悩みは、原因が〝物質側〟にあるからです。

「上司が無能」とか「部下が言うことを聞かない」というのは物質側の悩みです。「悪口」や「ハラスメント」も物質側。〝身分〟や〝優劣〟をつくって比較するからこうした問題が起こるわけです。

「やりたい仕事に就けない」とか「やりたくない仕事をやらされている」というのも、物質側の悩みですよね。

物質側は「限定的」で「目に見える」世界です。限定的だから保持したいと思うし、もっとほしいと思います。目に見えないと怖いし、なくなるのは怖い。そこに悩みが生まれるのです。

みなさんは、どんなときに幸せを感じるでしょう？

お金がいっぱいあって、おいしいものを食べて、ブランド物の服やアクセサリーを身につけて、高級車に乗って……。たしかに、それは幸せですね（笑）。

でも、物質的に満たされた生活は、本当に幸福なのでしょうか？

私はこう考えます。

モノで満たされる以上に、精神的に満たされたほうが幸福度は高い――と。

仕事でも、〝幸福度〟が高いのは「自分の可能性を生かしている」とか「自分が役に立っている」と感じたときではありませんか？

「あの部下はダメだ」とか「もっと給料を上げて」などと批判や要求をしているときの〝幸福度〟は低いはずです。ボーナスをもらった瞬間は〝満足度〟は上がりますが、数日後には、なんらかの不平・不満が出てきます。そしてお酒を飲んで愚痴ったり、カラオケで騒いだりして、瞬間的に憂さを晴らそうとして〝満足度〟は少し上がります。でも、精神的に満たされるわけではないので、ストレスはどんどん溜《た》まっていきます。

物質はたしかに満足度を上げてくれますが、それは一瞬です。「もっとほしい」とか「これを維持したい」などと思えば思うほど心は満たされず、不安になったり、悲しくなったり、怒ったりしてしまうのです。

〝満足度〟は物質、〝幸福度〟は精神ということですね。

見えない部分にフォーカスすると幸福感が長続きする

反対に、心が満たされると、幸福感は続きます。例えば「あなたのおかげで助かってるよ」とか「あなたがいてくれるだけでうれしい」と言われたら、どうですか？

たったひと言かもしれませんが、その言葉が心を潤わせてくれるでしょう。とてもいい気持ちで仕事に向き合えますよね。自然にいい仕事ができます。その結果、あなたの評価は高まって、やりがいのある仕事が舞い込んだりします。達成感も大きくなって幸福度が高まります。高い報酬だって得られるかもしれませんね。

また、心が満ちていれば余裕があり、相手にも優しくできます。あなたへの信頼度はますます高まり、人間関係もよくなっていきます。結果的に幸福度はどんどん高まっていく、というわけです。

〝心の側〟はフォトンの側、つまり「素粒子層」です。レベル2ですね。いっぽう〝物質側〟はレベル1です。

物質側に立つと幸福度は下がり、心の側に立つと幸福度は上がる――。

なぜ、そうなるのか。見えない量子の世界では、何が起こっているのか？　その仕組みを、実例を交えながら紹介しましょう。

人間関係で深い悩みを抱えていた吉田正弘さん（仮名）の例です。当時の様子を吉田さんご自身に語っていただきます。

case 1

人間関係がわずらわしい

会社を立ち上げて15年。経営者としての私は、かなり「努力型」の人間だったと思います。経営者向けのセミナーなどにも頻繁に参加しました。そういう勉強会では、どちらかというと「自己責任」を求める学びが多いんですね。業績が上がらないのも、部下が伸びないのも、業務でミスが出るのも「あなたの○○に問題があるから」という指摘をされるんです。なので「もっとできる」「もっと自分のスキルを上げなきゃ」と自分を追い込み、責任をひとりで背負い込むようになっていたんですね。

私は複数の会社を持ち、複数の事業をやっています。トータルで見ると、利益は出ていました。なのに私は、経営に喜びを見いだせなかったんです。

おそらく、人間関係が原因だと思います。部下との関係、役員同士の関係、お客さまとの関係、どの関係にも「心を許し合える」とか「信頼し合える」というものがありませんでした。正直に言うと、会社関係の人を好きになれませんでした。

部下の気持ちを推し量って遠慮したり、注意すべき場面で強く言えなかったり、どう接したらいいのかわからないのです。そのうちに、人付き合いそのものがわずらわしくなり、人間そのものがうっとうしく思えてきました。

人間関係のゴタゴタは、会社だけではありません。弟との関係もかなりこじれていました。ただ、非は弟にあると思っていました。性格が違うだけでなく、弟は警察沙汰を起こしたり、借金をつくったり、家庭を壊したりしていたからです。長男の私は、弟を見捨てるわけにもいかず、身元引受人になり、借金の肩代わりもしました。我慢しながら関係を維持していたのです。

どっちを見ても、人間関係が壁になっているという感じがしました。それが私の人生を狭めている、と自覚もしていたのです。

相手の奥を見始めたら空気が変わった――case1の続き

八方塞がりの状態を打ち破るきっかけになったのが、量子力学でした。あるとき、会社を共同経営しているメンバーが村松大輔さんのYouTubeを見て、おもしろい人がいると紹介してくれたんです。すぐに本を購入して読んだときの衝撃は忘れません。セミナーも受講しましたが、これまで数々の経営セミナーで学んだ「自己責任」の視点とは、まるで違いました。村松さんの教えは、量子力学を基にした生き方です。

「自分を責めないで。追い込まなくていいんですよ。いまの自分を認めてあげましょう。そうすれば、自分から発振される周波数が変わります。すると現象も変わってきます。なぜなら、私たちは素粒子（振動）でできた存在だからです」

　理屈っぽくて、疑い深い私ですが、この理論は信じられる、と直感しました。

　そして実践してみたのです。私がやったのは「相手の奥を見る」ということです。

　村松さんが話してくれた、次のようなたとえ話が、ストンと腑《ふ》に落ちたのです。

「私たちは雲のようなものですよ。雷雲もあれば、雨雲もあります。雲は水蒸気でできていますが、水の粒と粒の間には、青空が見えますよね。雲はさまざまに姿カタチを変えますが、元々は青空なんです。私たちも素粒子ですから、雲と同じです。青空から生まれているんです。なので、雲を見るのではなく、その奥を見てあげましょう。雷雲を見てあーだこーだ言うのではなく、青空側を見てあげるんです」

　それからは、私は相手の奥にあるものをしっかり見ようと心がけました。すると、不思議なんですが、人間関係が少しずつよくなっていくんです。それまでは部下に対しても「なんでこいつ、こんな仕事もできんのやろ」などと思っていました。ところが、部下の奥を見るようになると、彼らが「このやり方で合っているのかな」と不安を感じていたり、うまくやろうと思ってもできないことがわかったりしたのです。

すると、私の口から「わからんことがあったらなんでも聞いてや」という言葉が自然と出てくるようになりました。こうなると、職場の雰囲気も変わります。なんとなく温かい空気が流れ、笑い声もあちこちから聞こえ、活気が出てきたのです。

自分がつくった壁で相手が見えなくなる――case 1の続き

驚いたのは弟との関係です。弟の奥にあるものを一生懸命に見ようとしていたら、突然、彼が4歳か5歳のときの思い出が頭に浮かんできたんです。夏休みの午後、私が友だちと遊んでいると、女の子みたいに髪を長くして、愛らしい姿の弟が、お盆にコップをふたつ載せて、そろりそろりと歩いてきます。気を利かせたんでしょうね。コップはカタカタと揺れています。私の顔を見て弟が笑った瞬間、バランスを崩してコップは地面にガッシャーンと落ちた。弟は大泣きです。

「ああ、弟は、本当はこういうきれいな心を持った人間だったんだ」

私は彼の奥にある本当の姿を思い出したのです。それからは、自然に弟の奥にあるものを見るようになりました。すると、彼の行動の奥にある不安や怒りなどがわかるのです。ウソみたいに心の距離が縮まり、関係性もよくなっていきました。

不思議なのは、弟の生活や仕事の状況も改善していったことです。弟は小さな会社をやっていましたが、借金もあり、生活も家庭もメチャクチャでした。普通なら破綻するくらいのひどい状況を立て直したのです。ほとんど奇跡ですよ。

それから2年が経《た》ちましたが、私も弟も好調を維持しています。

会社は風通しがよくなりました。ひねくれた社員もいるんですが、さっきの弟と同じで、奥を見ると、なぜかちょっとだけ素直になる（笑）。

以前は、私自身が壁をつくっていたんでしょうね。自分をさらけ出すことには抵抗があり、大きなバリアを張って生きていたのだと思います。だから相手が見えず、相手もこちらに入ってこれない。問題が起きると、自分ひとりで解決しようとして、頑張るけど、どうにもならない。やはり、ひとりでは限界があるんです。

でもいまは「おーい、助けてくれー」と素直に言えます。すると、誰かが支えてくれる。楽になりましたし、毎日が楽しくなりましたね。社内での球技大会も盛り上がるようになりました。前は、みんな渋々やってる感じでしたけどね（笑）。おかげで、

現象は素粒子の集まりなので、一気に変わる

会社っていいな、経営っておもしろいな、と思えるようになりましたよ。

相手の奥を見る。たったこれだけなのに、ありがたいですよね。

感覚としては「フォトン・スイッチ」みたいなのがあり、それを押すと、相手の雲の部分がサーッと消えて、奥の青空の部分が見えてくる。

お客さまに対しても、そのスイッチを押すんですよ。よく「お客さまの立場に立て」と言いますが、正直それは「安くていいものがほしい」ってことなんです。でも、その奥を見ると、お客さまが困っている理由や、求めているもの、怒っている原因がわかったりします。それを汲《く》んで、対応するようにしたら、関係性はガラッと変わりました。リピーターが増え、紹介も増えました。信用されて仕事が広がった感じです。

ありがたい限りですね。

吉田さんの話の中には、いろいろな教えがありましたね。私の話すことがなくなっちゃった感じです（笑）。なので、少しだけ解説と補足をさせていただきます。

吉田さんは視座を「レベル1の物質層」から「レベル2の素粒子層」に深めたのです。その結果、「レベル3のZPF層」に行くこともできました。

レベル1というのは、端末を個人と思っている段階です。私はマックブックエアーで、あなたはスマホで、あの人はアップルウォッチだと認識しています。

レベル2は、周波数側です。端末はWi-Fiでつながっていて、それぞれの端末の個性を生かそう、という段階です。吉田さんが言っていた「その人の奥を見る」というのは、まさに端末を見るのではなく、相手の周波数を観測したということです。個人は周波数をもらい受けて存在していると気づいたんですね。

レベル3は、「Wi-Fiが私」という段階です。Wi-Fiの中に私や社員がいると理解し、おたがいの個性を最大限に生かそうと考えます。すると、そのWi-Fiと同じ周波数帯にいる他のお客さまや組織ともつながってきます。ご縁がつながるのです。

吉田さんのお客さまが、新規の方を紹介し、ご縁をつないでくださったのは、同じ周波数帯にいると安心したからだと思います。

吉田さんご自身は、変わっていません。ただ、視座を深めただけです。それだけで吉田さんに起こる現象はガラッと変わったわけです。不思議ですよね。

でも、本当は不思議じゃないのです。私たちは素粒子ですから、根源側（ZPF側）からの流れに気づけば、現象が変わるのは当たり前のことなのです。

具体例を交えたほうが、わかりやすいと思うので、もう2例、紹介します。

ひとり目は、佐藤直人さん（仮名）。ある食品メーカーの3代目社長です。お父さまから会社を引き継いで、社員との壮絶なバトルを経験した後、やはり「レベル2の素粒子側」の視座を通して社員と向き合うようになりました。それによって、どんな状況が、どう改善したのか、ご本人の言葉で語っていただきます。

case 2

社員から総スカンを食らった社長

祖父がつくった会社を父から受け継いだのは2012年のことです。若い頃から会社を継ぐ自覚はあったので、松下幸之助先生や稲盛和夫先生の本などを読み漁《あさ》り、「心の経営」を大切にしようと心がけていました。ところが、社長になって3年目、衝撃の出来事が起こりました。

社員から総スカンを食らったんです。社員が組合をつくり、外部の人間を窓口にして、敵対的な交渉をしてきました。

組合は従業員を守るためのものなので、それ自体は悪くはありません。でも〝労・使〟という目に見えるカタチでの敵対関係が出来上がると、感情もそれに引きずられます。私は全員から無視されるようになりました。朝礼で「おはようございます」と挨拶しても、誰も返してくれないのです。これはショックでしたね（笑）。

創業70周年記念のセレモニーを終えた翌月のことでした。私は社員とのコミュニケーションを大事にしていたつもりだったので、「なんで？」「俺が何した？」とわけがわかりません。でも、話しかけても無視されます。怒りのぶつけどころもない。自分の殻に閉じこもり、塞ぎ込むしかありませんでした。

そういう状況になると、深く自分を省みるんですね。気づいたのは「心の経営」というお題目を掲げてはいるものの、実際は心を寄せていなかったということでした。

私は理系人間なので、論理的には考えるのですが、カタチばかりで中身が伴っていなかったんです。いわゆる「仏造って魂入れず」の状態でした。

騒動を知った父からは、こう言われました。

「そんな状態で会社をやっていけるのか？　会社を畳んでも俺はかまわないぞ。会長の俺が社長に戻ってもいい。だけど、お前が立ち直れなくなるぞ」

この父の言葉で吹っ切れました。「降参！　もうなるようにしかならないわ」と。

自分でも気づかないうちに私は「先祖が代々築いてきた会社を守る。新しいやり方も取り入れる」という重圧に縛られていたのだと思います。私自身が会社の大きな壁だったんです。だから社員が息苦しくて、外に助けを求めたのです。

真剣に耳を傾けたら社員が変わり始めた——case2の続き

自分が壁だったと気づいたタイミングで、組合との交渉が始まりました。月1回、社員と話す時間ができたのです。ラッキーだなと思いましたね。正直言うと怖かったけど、無視されていたら話もできませんからね。私は1年間、とにかく集中して、社員の話に耳を傾けようと思いました。

だけど、聞くだけではまともな組織になりません。社員が「なぜそういう要求をするのか」を、会話の中で真剣に探し、そのうえで「できる」「できない」をはっきり言うことにしたのです。それまでの私は、表面上はにこやかに聞いていても、真剣に社員のことを考えていなかったんだと思います。だから発言も薄っぺらい。組合をつくってまで私に抗議をした社員のほうが、よっぽど真剣だったわけです。

この間、私は『「量子力学的」習慣術』という本を読み「現象は自分の周波数が引き起こしている」という理論を知りました。理系の私には、目からウロコでしたね。自分のことをピタリと言い当てられている気がしました。

1年ほどすると、冷えて固まっていた社内の雰囲気が、次第にゆるんできました。最初に変化が起きたのは、若い社員と古参の社員です。若い社員たちは、私が発振するエネルギーに感応したのだと思います。古参の社員たちは、私の変化を感じ取ってくれたのでしょう。

そこからは時々、お酒を飲みに行くようになりました。古参の社員から言われたのは、「佐藤君のこと、会長がほめてたよ。あんなに数字を上げて、よくやってると思う」と。うれしかったですね。父（会長）にほめられたことはなかったですから。

私は「ほめられたかったのだ」と思いました。でも、ほめてくれないから「もっともっと」と頑張る。自分の心を無視していたんです。そのような自己否定の周波数でいるから、社員から否定される現象が起きていたんだと、改めて気づきました。

結局、人間関係は、自分の周波数で決まるんですよね。私が「降参だ。みんなの力を借りたい。力を合わせてこの会社をよくしよう。おいしいと喜んでもらえる製品をつくろう」という〝友愛の周波数〟に変えたら、壁は消えて、関係が改善されていくわけですから。組合は2年で解散しました。いまは「質問会」という場を設けて、社員の意見を聞くようにしています。直接言いづらい場合は、上司が聞いて、私に伝える。離職者はゼロにはなりませんが、いろんな話はできていると思います。

ZPFは鏡のようなもの。あなたのエネルギーをそのまま現象として映す

佐藤さんの例も、やはり「レベル1の物質層」から「レベル2の素粒子層」に視座を移すことで、関係が改善していくというものでした。

自分の発しているる周波数が、現象をつくっていることに気づいたんですね。

ところで、周波数を生み出す根源側のZPFの仕組みは、どうなっているのか？

たとえるなら、「鏡のようなもの」と考えるとわかりやすいです。

ZPFという「場」は、鏡のようなもので、誰かがその前に立たなければ、何も映りません。でも、誰かが来れば、その姿をそのままそっくり映し出します。

マザー・テレサが来れば、鏡はマザー・テレサを映し出します。ヒトラーが来れば、ヒトラーを映します。「お前は悪人だから映さない」とはなりません。マザー・テレサやヒトラーを、価値観などをつけずに、そのまま映し出すのです。

ZPFも鏡と同じです。ZPFは、あなたのエネルギーをそのまま反映して振動します。あなたの振動（周波数）をそのまま反映して、現象化するのです。

「いい」とか「悪い」という判断はしません。あなたが意図したことや潜在的な思いなど、そのエネルギーをそのまま反映して、あなたの肉体や現象は現れます。

もしかしたら、神社のご神体を鏡にするのは、ZPFが鏡のようだからなのかな？と私は思っています。

もう一例、紹介します。嫁姑《よめしゅうとめ》関係で大変なご苦労をされた八木美波さん（仮名）です。八木さんは、視座を「レベル3のZPF層」に移したら〝愛・感謝〟が響き合い、凍っていた人間関係が解けたと言います。読者にも当てはまる人が多いかもしれませんね。何が起こったのか、八木さんご本人に語っていただきます。

case 3

ゴッドマザーの重圧で自分を失った

私が結婚したのは40歳のときでした。主人は経営者で「結婚後は君にも会社を手伝ってほしい」と言われていたので、そのつもりでした。ビジネスキャリアを重ねてきて、仕事には自信があったんです。ところが、結婚当初からつまずきました。

原因は主人のお母さんです。彼の会社は同族経営で、お義父さんは婿養子のため実権はお義母さんが握っていたのです。主人以外、社内の誰もが〝ゴッドマザー〟には服従、という感じでした。

結婚後、私は主人の会社で働き始めましたが、お義母さんが私に求めたものは、仕事ではなく、子づくりでした。「もう40歳なんだから急がないと。仕事なんかしなくていいんだから」と私の顔を見る度に言います。「子供は……」と私が言い淀《よど》むと、「あなたが上手くやればいいのよ」と、耳を疑うようなことを言うのです。

主人は「放っておけ」の一点張り。お義母さんからは、毎日のように「息子と相談したの？」と急《せ》かされる日々です。ドラマや映画のようなこんな話が実際にあるんだなと、会社に行くのが憂うつでしたが、負けず嫌いの私は「こんなことで屈しない。私の人生は私が決める」と強い覚悟で仕事を続けていたのです。しかし、主人が両親との経営方針の違いによる諍《いさか》いなどから持病の狭心症が悪化するなど、主人に「家業を継いであげて」と言った私は間違っていたんじゃないか……と悩みました。

数年すると、お義母さんは「養子でもいいわ」と言うようになり、私との関係は悪化の一途でした。「嫁のくせに全然言うことを聞かない」という声も、外から聞こえてきてたほどでしたから。さらに義姉の存在も悩みの種でした。同族経営にありがちな話で、義姉も同じ会社で働いています。でも仕事には非協力的です。「私は長女で、これまで苦労してきたのだから自由にやらせてほしい」と言い、責任が伴うことは一切やってくれません。

義母と義姉の〝最強コンビ〟に泣かされて10年。いま思えば、よくやったと思いますよ（笑）。でも、私の心も身体もヘトヘトでした。主人は表に出るのが嫌いなタイプなので、経営していたスポーツクラブの運営や社内外との折衝も私が表に立ってやっていましたし、その傍ら義母や義姉と日々戦って（笑）いたわけですから。

そんなときに村松大輔さんの存在を知りました。そして「量子力学」の実践理論を学ぶことになったのです。

負けず嫌いの周波数が私を負けさせようとする――case3の続き

私には疑問がありました。潜在意識についてです。かつて参加したセミナーで「現実は潜在意識がつくっている」と学びました。でも、義母や義姉とのひどい状況を私の潜在意識がつくっている、とはどうしても思えなかったのです。

しかし、村松さんの量子力学でも、やはり「私の周波数がいまの状況をつくっている」という説明でした。「やっぱりそうなのか」と半信半疑で、「でも、なんのために私はつらい状況をつくってるんだろう？」という疑問が拭えませんでした。

そんな中、村松さんの量子力学では、新たな学びもありました。それは「自分を認める」ということです。「ありのままの自分を認めていいいんですよ。つらかった自分を認め、よく頑張ってきたねとほめてあげましょう」と言われ、ウワーッと涙が溢《あふ》れ出ました。「ああ、そうだ。私、頑張ってきたんだよね。大変だったよね。普通じゃない関係をよくぞ10年以上もやってきたよね」と素直に認めてあげた瞬間、私の中で何かが解けるような気がしたのです。

頭に浮かんできたのは、少女時代の私でした。母が私に「弟の面倒を見てあげてね。美波はお姉ちゃんなんだからしっかりしてね」と言っているシーンです。

弟は心臓に病気がありました。学校では私は休み時間に弟のクラスに様子を見に行ったり、親の期待に沿おうと学級委員もやりました。親を安心させようと「できない」「無理」は私の中で禁句になりました。「優秀でいなくちゃ」と思って生きてきたのは、その当時からなんだな、と思い当たりました。その瞬間「あっ、私の周波数ってこれなんだ」と理解したのです。

私が「優秀でいなくちゃ」という周波数のため、義母や義姉も「優秀でいなくちゃ」を私に返している。また、私の「優秀でいる」という周波数が、主人も苦しめている。やはり、私に起きるすべての現象は、私が私を許していないために起こっていたのです。

背景を汲んだら、冷えた関係が解け出した――case3の続き

村松さんには「背景を汲む」ということも教わりました。

「雲と雲の隙間には何がありますか？　青空ですよね。それがあなたの本当の姿ですよ。雲は状況によって変化しますが、いつでもその背景には青空がありますよね。その青空が、お相手の本当の姿ですよ。それを見てあげるようにしましょうね」

そんな話を聞いてお義母さんに目を向けると、まったく別の存在に見えたのです。

「傍若無人に見えるけど、本当は理解してもらえず寂しかったんだな。代々続く本家に生まれて、家を残す責任を全うしたい一心で、私にもひどいことを言ってしまっていたんだな」と思うと、義母の思いと葛藤が、すーっと私の中に入ってきました。

それ以来、あれほど硬直していた義母や義姉との関係も一気にゆるんできたのです。

まさに、春に雪が解けるかのようでした。

あるとき、お義母さんからうれしい言葉をかけてもらいました。

「あなたの言葉には愛があるわよね」と。

結婚当初の私が聞いたら「ウソでしょ」とひっくり返るかもしれません（笑）。

でも、ウソではないんですよ。私たちの間にあった大きな壁は消えてしまいました。消えるどころか、いまでは橋が架かったようです（笑）。橋を架けるために大工事をしたわけではなく、私が実践したのはとても小さいことです。

背景を汲んだだけ——。

自分で言うのはちょっと恥ずかしいですが、それは「愛の周波数で見る」ということなのかもしれません。

おもしろいのは、私に起きた現象が会社にも広がっていることです。

一例を挙げると、私の部下にテリトリー意識の強い男性（課長職）がいるのですが、その彼が変わったんです。それまでは、何かトラブルがあると「自分はこう言いました」「やるべきことはやりました」と予防線を張っていましたが、いまでは「自分の言い方が足りなかったのかもしれません。お客さまに迷惑をかけて申し訳ない」と、現象の背景にあるものを見るようになったのです。彼の下で働くふたりの女性スタッフも驚いています。「課長、どうしちゃったんですかね」って（笑）。

私はいま専務という肩書ですが、教えてもらったことをみんなに伝えたいと思っています。「愛・感謝」の波動がどんどん広がっていったらいい。

いい現象も悪い現象も、原因はやっぱり自分にあるんです。生まれたときから悪い感情を持っている人はいないし、みんな仏様のような状態で生まれてきますから。傍若無人に見える人も、何か理由があるんです。だから「どうしてかな」と背景を見ようとすることが大切なんだと思います。量子力学的な生き方ってやつですね。

・・・・・・・・・・・・・・・・・・・・・・・・・・

八木さんが、私の言いたいことを上手にまとめてくださいました（笑）。

この例も、やはり「レベル1の物質層」から「レベル2の素粒子層」に視座を移したことによって起こった現象です。

「レベル3のZPF層」から言うと、その「場」の中に、八木さんも、お義母さんもお義姉さんも、課長さんもいるので、一気にみんな変わっちゃうんですね。

現象というのは、「場」をどんな周波数で揺らしているか、という結果です。揺れた結果が、八木さんご自身やお義母さんに起こっているだけなのです。

その根源側の仕組みに気づくと、スルスル〜ッと、いろいろな現象が動いていきます。

第3章

「アイデアの壁」を消す

アイデアの「階層」に気づくチェックシート

レベル1・物質層：ネットや生成AIなどの市場調査の情報に大きく頼る。
他者（他社）との比較に頼る。損か得かを判断材料にする。
理論・理屈だけを大事にする。
過去の実績や成功例に引きずられる。

レベル2・素粒子層：突然、ひらめく（降りてくる）感覚がある。
直感的に「これだ！」と思う。
会議や雑談の中の言葉がヒントになる。

レベル3・ZPF層：想像を超える結果を生む。
いろいろなこと、いろいろな人がどんどんつながる。
アイデアと自分が一体化している。
アイデア側が主体で、自分の体や得意分野を使おうとする。

アイデアは本当に脳の中から出てくるものなのか？

仕事において、アイデアや発想力は欠かせませんよね。企画や開発、製造の仕事だけではありません。営業、人事や経理など、どんな仕事にも、必ずなんらかの問題が生じるし、解決するにはアイデアが必要なのです。

よくこんなふうに言う人がいます。「私はアイデアが貧困で」とか「発想が苦手で」と。

本当にそうなのでしょうか？

かつての私も「苦手」と思っていましたが、アイデアは、自分の頭の中だけで生み出すものではないんですね。

私は前職で父が社長をやっていた工場に勤務していました。そのときの私自身のレベル1からレベル3までを感じていただければわかりやすいと思います。

大学を卒業して、すぐに父の会社に入社。プログラムの組み方も知らず、触ったこともないNC旋盤を、現場に入り〝見よう見まね〟で習いました。工場長はその道の職人で、発想がすごく、レベルも高すぎ。このため「オレは何も知らない。わからない」と自己否定に陥りました。いま思うと「できない自分」を見せることで最前線から逃げ、責任逃れをしていたのですね。

一部の社員からは、「東大出なのに、そんなんもわかんないんけや？」と嫌味を言われることもあり、自己否定はますます強まっていきます。いわゆる「レベル1の物質側」で、自分を閉じ込めていました。

旋盤の作業台周りを整頓する、という基本すらできなかった私に対し、社員は「社長のせがれのくせに」とイライラを溜《た》め、嫌なエネルギーが充満しました。挙げ句の果てにはひとりから無視をされ、心を割って話をする人が減っていきました。「機械を見てろ！」と怒鳴られた後は何もやりとりができません。ただひたすら機械の動きを見ていました。社長からは「大輔、機械に拝んでいるか？」と言われ、当時はカチン！ときました。「拝んでよくなるわけないじゃん」と心の中で毒づきましたが、状況がツラいのは、私の責任なのです。そこで朝早くに出勤し、工場や機械にお祈りをしてから仕事を始めました。するとと不思議なことに、機械が語りかけてくる感じになったのです。私がつくったプログラムをパソコン画面で確認し、目で追いかけていると、機械が動いている映像が頭に浮かびます。そして、プログラムミスのところでは、機械が衝突する映像が見えるのです。

お客さんからは「関東では村松さんのところでしかできません。助けてください」と言われ、難しい部品の図面を見せられたときも、「ここであのプログラムコードを使い、背面から製品を押さえて加工すれば精度を保って加工できる」とアイデアが降りてきます。

いわゆる「レベル2」の状態になったのです。

お客さんからの注文は、手術に用いる装置の部品なので、ミスは許されません。「不良品ゼロ」で加工するのは至難の業ですが、仕事の出来が、患者さんの命に関わるのです。

父が言っていたのは、こういうことだったのか、と気づきました。「機械に拝む」というのは、心の在り様だったのです。「生命のため」というミッションのもとで私が存在すると、そのミッションが私と一体化し、お客さんからの心の声が聞こえてくるのです。

お客さんには「装置の設計」という役割があり、うちの会社には「図面通りに加工する」という役割がある。私が「生命を救う」というミッションと一体化すると、それらをすべて動かす感覚になり、アイデアが自然と降りてくる。いわゆる「レベル3」の状態です。つまりアイデアは、自分の頭の中だけで生み出すものではないのです。

だから「私にはアイデアが湧かない」なんて思わないでくださいね。

作曲家・モーツァルトは、こう言っています。

「私が書いたのではない。向こうから聞こえてくる曲をただ書き写しているだけだ」

奈良・円成寺の大日如来像（国宝）などを彫った仏師・運慶も次のように言います。

「木の中に眠っている仏を削り出しているだけだ」

発明家・エジソンは、同じようなことを、こう表現しています。

「私は宇宙という大きな存在からメッセージを受けることで発明していたにすぎない」

アイデアの湧き出てくるところを、モーツァルトは〝向こうから聞こえてくる〟と言い、運慶は〝木の中に眠っている〟と言います。エジソンは〝宇宙という大きな存在からのメッセージ〟と言っているわけです。

もちろん、脳の記憶や思考なども関係しているかもしれませんが、なんらかのエネルギーが脳の中で〝曲〟に変換されたり、〝発明〟になったりしているのではないでしょうか。

では、それはどこから来るのか？

私はZPFだと考えています。ZPFからの情報を、脳内の記憶や思考と融合させ、自分の求めるカタチに変換したのがアイデアなのだと思うのです。

私たちが素粒子の集合体であり、モワモワの雲（エレクトロン・クラウド）であるという事実を考えれば、十分にあり得ることだと思います。

「馬《ば》上《じょう》・枕《ちん》上《じょう》・厠《し》上《じょう》」＆お風呂のアイデア効果

みなさんも、ある瞬間にパッといい考えが浮かぶことがあるでしょう。

「あの案件、どうやって解決しようかな……」と、さんざん悩んでいたときに、ふと目にしたものに「あ、これだ！」とピンとくる。誰かとおしゃべりしていたときに、なんらかのヒントをもらう。あるいは、よい解決策が見つからずに切羽詰まっていたときに、時間ぎりぎりでひらめく、などです。

アイデアが浮かぶときの状況は、人それぞれですし、その都度違います。〝湧き出る〟

という感覚のときもあるし、〝降りてくる〟というときもあります。

どんな状況だと、アイデアが出てきやすいのでしょうか？

例えば、中国の詩人・欧陽脩さんは、「馬上・枕上・厠上」と表現しました。

馬上とは、現代なら、電車や車などの乗り物に乗っているときですよね。

枕上とは、就寝前や目覚めて起き出す前、ゴロンと横になったとき。中には「夢のお告げがあった」なんてこともあるかもしれません。

厠上は、トイレの中だけでなく、お風呂の中も含めてでしょう。

いずれも、リラックスしているときにアイデアが浮かびやすいというわけです。

私は、毎朝、般若心経を書写しているのですが、そのときにひらめくことが多いです。「YouTubeでこんな表現をしてみよう」とか「生徒にこう話そう」など、発想が降りてくるのです。そういうときは、忘れないうちにそれをメモしてから、写経に戻ります。

お風呂の中でも、よくあります。私は、湯船に浸《つ》かったときに「あ〜、気持ちいい」と大きな声で言います（笑）。そして、顔を上にして耳まで浸かり、何種かの祝詞を唱えます。お湯の中にあお向けで耳まで沈めて言うと、声が響いて、自分の体が振動します。これが心地いいのです。自分の体全体も空間も祈りを響かせていく感覚です。

湯船でリラックスしながら1日を振り返ると、「あー、本当にあれはありがたかったな」とか「おかげでうまくいった」などと、深い感謝の気持ちが湧き出てきます。それと一緒に「あ、そうだ！」という気づきも生まれやすいと感じています。

レベル3のZPF層を見ると奇跡的なアイデアが生まれる

私たちはふだん「レベル1の物質層」で物事を考えることが習慣になっています。

例えば、営業企画を考えるときも、市場調査や他社との比較などのデータを使いますよね。「こういうのが売れている。だから売れるだろう」と。アイデアというよりは「調べてつくる」という感じです。合理的でよいと思いますが、やはり限界はあります。

「レベル2の素粒子層」では、ご縁や直感、引き寄せなどによってアイデアが出てきます。

歩いていたら、たまたま看板の文字が目に留まり「あ、これいいかも！」とピンとくる。周波数側にいるので、求めていた答えが勝手に入ってくるのでしょう。スマホで「○○」とキーワードを入れると知りたい情報がヒットするのと似ていますよね。あなたが立てたアンテナが、アイデアの素になる情報（周波数）を受信するのだと思います。

「レベル3のZPF層」では〝引き寄せる〟というよりは〝自分がアイデアそのものになる〟感じです。

スティーブ・ジョブズの例で説明しましょう。アップル社を創設したジョブズさんが、革新的な製品を生み出したときの話です。

ジョブズさんは直感でインドに行き、ヒンドゥ教のあるお寺を訪ねました。ところが、寺院の僧侶が亡くなっていたため、予定を変更し、仏教の禅寺を訪ねたそうです。寺では座禅を組み「余計なものはすべて削《そ》ぎ落とす」という教えを受けます。ジョブズさんはピンときて、製品開発を行います。そしてシンプルなアップル製品ができたというのです。

〝偶然〟とか〝神の啓示〟とも言えますが、「世界をよくしよう」という周波数がジョブズさんそのものであり、それがアップル製品を通して世界に広がったのです。

ＺＰＦ側では「すべてが私」という感覚になります。ジョブズさんにとっても、「ジョブズという個体も私」だし「世界をよくしたいという思いも私」「アップルコンピュータも私」という感じだったのではないかと想像します。

ジョブズさんの例は、大きすぎるとしても、レベル３のＺＰＦ層では、このように奇跡的な現象が起こるのです。

私のアイデアの源泉。どんどんそこから湧いてきます

じつは私も、これに近い感覚を持っています。

私の目標は「地球平和」です。これまでにも何回か話しましたね。壮大な目標ですが、達成可能と考えていますし、そのために私は行動しています。「量子力学」を人生に生かし、広くみなさんにお伝えしているのも、地球平和という目標があるからです。

私がこの大きな目標を描いたのは、小学2年生のときでした。栄養失調でガリガリのアフリカの子供たちの映像を見て、「罪もない人が飢えて死んでいく世の中なんて間違ってる。みんなが安心して暮らせる世界をつくりたい」と思いました。以来、40年ずっと地球平和が私の目標です（途中、紆余曲折《うよきょくせつ》はありましたが、それは後ほど話しましょう）。

おそらく、量子的に見れば、私は「地球平和」の周波数をもらい受けて揺れています。そして、同じような周波数の人も、たくさんいると思います。私は、こうした同じ周波数の存在から、アイデアをもらっていると感じます。

〝地球平和Hz〟で揺れている人は、小学生にもいるでしょうね。戦争を経験された方や不条理に命を落とされた方たちの中にもいるかもしれません。また勝手ながら、私の中では、空海さんや最澄さん、お釈迦さま、アインシュタイン博士、ネルソン・マンデラさん、マザー・テレサさんなども、同じ周波数帯にいると思っています。

私はこんなふうにイメージしています。

「ZPF側には、地球平和の周波数帯があり、その中に私が存在しています。村松大輔という存在は、物理が好きで仏教にも興味がある。日本語も話せる。空手をやっていて『エネルギーが体を動かす』ことも知っている。子供たちの能力開発もしている。苦労もしたからツライ立場の周波数も汲《く》めるだろう。ならば〝村松大輔〟という端末にアイデアを託して、世の中に地球平和の考え方・生き方を広めてもらおう」

こうして〝地球平和Hz〟の人たちが私にアイデアを与えてくれているのだ、と。

また、私の担当編集者さんもみな同じ周波数です。偶然が重なり、おたがいが引き寄せられるように結集しました。奇跡的なのは「村松大輔の本を売ってひと儲《もう》けしよう」などと考えていないこと。「悩める人の現象を変えたい」「世界中に〝愛・感謝のエネルギー〟を響かせたい」という一心で仕事をしているのです。

おかげさまで、私の既刊本は、まるで波紋のように広がっています。アイデアもどんどん降り注がれるので、出し惜しみなく、今回の本も出版できます。本当にありがたいことです。

ZPF層でつながった高僧とのありがたいご縁

おそらく「レベル1の物質層」では、アイデアはやがて枯渇してしまうでしょう。個人の知識や経験から出るアイデアには、限界があるからです。

でも「レベル2の素粒子層」では、周波数のつながりの中で得られるため、枯渇するどころか、次々に新たな展開を見せていきます。

さらに「レベル3のZPF層」では、地球側・宇宙側のエネルギーが個人の得意分野に周波数を合わせてアイデアとなり、周りを巻き込んでいくのです。

大変ありがたいことに、私は天台宗の堀澤祖門先生と親交を深めさせていただいています。堀澤先生は明治以来途絶えていた「十二年籠山行」という難行も達成された高僧です。現在95歳の大僧上が気さくに話してくださるだけでなく、なんと、仏教の深い叡智《えいち》まで教えてくださいます。本当にあり得ない、ありがたいことだと思います。

「村松さんがやっている量子力学の講義は、本来、仏教がやるべきことです。だから私は、あなたに感謝しています。期待していますよ」

というお言葉までかけてくださり、私は身の引き締まる思いがしました。

堀澤先生は、ZPF側の視座で物事を見られているのです。天台宗の頂点近くにいる高僧が、仏教の垣根を取り払い、苦行や苦学で得た深い叡智を、茶飲み話をするかのように私に与えてくださる。それは「人間的な深さ」という言葉では、とても表しきれません。

ZPF側で〝すべてを許す〟という御仏《みほとけ》の心を響かせているからなのだと思います。

この場を借りて、心からの感謝をお伝えします。ありがとうございます。

堀澤先生ほか僧侶の方々とのご縁をいただけるのも、「地球平和の周波数から私を生かす」を意識しているから、と感じています。ますます邁進《まいしん》していこうと思います。


さて、ここからは、他の方の実例をお話ししましょう。

長野県の原田幸多さん（仮名）。ドローン会社の社長さんです。〝アイデアが湯水のごとく湧いてくる〟方で、ドローンを飛ばして難題を解決したり、ワクワクする企画を実現しています。

原田さんは〝アイデアの壁〟をどう消したのか？　どうすればアイデアが降りてくるのか？　原田さんご自身に語っていただきます。

case 4
自分のアイデアが生かされない

最初はドローンのライセンススクールを目指したんです。自動車の教習所みたいなもんです。時代の先駆けだし「この会社はうまくいく」と思いました。空に飛ばすのって楽しいでしょ。自在に操縦できたらもっと楽しい。銀行さんもすんなり融資してくれました。

ところが、お客さんが全然来ない。ドローンが必要と思われる建設会社などを営業で回りました。実際に話を聞いてわかったのは、どこの会社も余裕がないことでした。「人手もお金もないのに、ドローンの資格なんて取る余裕ないよ。免許取っても、そいつが会社を辞めたらバカ見るだろ。そもそもドローンで何ができるの？」と。

これじゃあ商売になりません。思い切って方向転換をすることにしました。ライセンススクールではなく、私たちが現場に行くスタイルです。高所点検・建物診断・広大な土地の測量などドローンが活躍できる場面はたくさんあります。危険な場所も多い。その現場に操縦のプロが直接出向いて飛ばす、という業態をメインにしようと考えました。

「これなら絶対うまくいく」と思いましたね。でも、また大きな壁が立ちはだかりました。高性能のドローンを買うお金がないのです。銀行に追加融資をお願いしても、撥《は》ねつけられます。スタート以来、赤字続きですから無理もありません。お金は底をつき始めていました。そんなときに村松大輔さんの本を読んだのです。

私の身に起こる現象は、すべて私の周波数がつくっている——。

最初は疑心暗鬼でした。だって、自分からわざわざ悪い現象なんて起こすはずがないだろ、と思っていたんです。

自分のミッションに従ったら、アイデアが実を結び始めた——case4の続き

私は、ひとまず自分の状況と思考を整理してみることにしました。

私は会社名に「遊ぶように人生を」という思いを込めています。私のミッションは、「完全に楽しむ」「好きを貫く」ということです。自分自身だけでなく、お客さまにも「人生を楽しんでほしい」と思っていました。

ところが、実際に私がやっていたのは、これとは正反対のことだったのです。「ライセンスを取得してもらう」のも「お金を返済するために営業に回る」のも、遊ぶような人生とは程遠いものです。心が躍っていない、周波数が低い状態なのです。

「私の身に起こる現象は、すべて私の周波数がつくっている」というのは、このことだったんだと気づきました。そこで私は、会社のビジョンをもう一度見直し、周波数を上げることにしたのです。

私が現場に行きドローンを飛ばすことは、とても楽しいことです。遊び感覚です。危険な場所もありますが、安全を守るため、私とお客さまの幸せにつながることです。私は人のうれしそうな顔を見るのが大好きなのです。

好きを貫くためにも、今度の業態は、とても合致しています。「よし！　この道だ」と覚悟が決まりました。「この道は絶対に大丈夫」という自信も出てきたのです。

迷いがなくなると、ウソのように現象が一変しました。

補助金申請が採択されたら融資は可能か？　再度銀行に交渉したら、了承をいただきました。補助金申請は見事に採択され、一気に設備投資ができました。この頃は、私は経営に徹しており、ドローンの操縦はインストラクターが現場で行っております。ドローンの操縦は、仕事というよりはゲーム感覚なので、どんどん上達していきます。難しい依頼が来ても、迷うことなく「はい、喜んで！」と引き受けます。おかげで仕事の幅は、どんどん広がります。「次はこうしてみましょう」「こんなこともできますよ」とアイデアが湧き出てくるのです。諏訪東京理科大の教授から「共同研究をしませんか」と誘いを受けたのも、こうした流れからです。

ドローンで測量する際に、副産物としてできた３Ｄ映像を「売ってほしい」という人も現れました。それがいまでは、新たな事業になっています。

「人手が足りない」と思ったときには、「仕事をやらせてもらえませんか」と適任者がやってきました。志望動機を聞くと「楽しそうなので」と。すべてがスルスルとつながっていくのです。

既成の枠を超える画期的な企画のヒント

原田さんは「レベル1の物質層」から「レベル2の素粒子層」へ、さらには「レベル3のZPF層」へと移っていったわけですね。

アイデアが湧水のように湧いてくることについては、原田さんはこう語っています。

お客さんとの会話の中で、アイデアが生まれることが多いですね。情報のインプットは必要なので、本を読んだり、成功者のYouTubeやVoicyを聞いたりしています。体も素粒子なので、周波数が乱れていてはいい仕事はできません。なので毎日1時間ジムで汗を流します。その間、YouTubeやVoicyを聞いているんです。そうした情報が私の頭にインプットされ、点在しているのだと思います。

お客さんと話しているときに、周波数が合った瞬間、点在する情報がパパパッとつながって、アイデアが浮かび上がってくる感じなんです。「ドローンレーザーと地上レーザーのデータを合成し、建物3D作成」とか「花火大会で真上からドローンでの撮影」「子供向け企画としてドローンをバラバラに解体してドローン組立て」など、お客さんの要望と自分の知識が結びつくんですね。子供のとき、遊びを工夫したでしょ、もっと楽しもうと。あれと同じ感覚です。大真面目に仕事で遊んでるんですよ。目の前のことを楽しんでいると、瞬間の波も感じられるんです。

なるほどー。

原田さんの言う「目の前のことを楽しむ」「瞬間の波を感じる」というのは、「レベル3のZPF層」に至る大きなヒントなのかもしれません。

企画会議で提案する際に、どんなに素晴らしいアイデアでも「思いつきです」と言ったら相手にされませんよね。時流を捉え、十分な知識と情報を用意したうえで、その瞬間に浮かんだ発想を大切にする。「おもしろそうだ」「やりたい」とか「誰かの笑顔が浮かぶ」など、直感を伴ったアイデアなら、広がる可能性は大きいと思います。素粒子側、ZPF側の波を感じ取り、具象化しようとしているわけですから。

企画会議でありがちなのは、過去の経験やデータに固執することです。採算や条件ありきの議論もそうですね。企業にとって大事なことですが、それは物質側の視座なので、アイデアも限定的なものになりがちです。既存の枠を超えるようなアイデアを望むなら、**素粒子側やZPF側を意識した発想**が大切だと思うのです。

愛だったら？　感謝だったら？　というふうに発想してみる

素粒子側やZPF側を意識した発想――。

もう少し噛《か》み砕いて言うと、**「愛と感謝の周波数帯で発想する」**ということです。「愛だったらどうするか？」「感謝だったらどうするか？」と考えるわけです。

この「愛と感謝」についても、原田さんは、興味深い話をしてくれました。

……………

愛と感謝の周波数帯は、私もそうですが、スタッフにも意識してもらってます。目の前の事案を「愛だったら、感謝だったら」というふうに考えるんですよ。

例えば、花火大会があったとします。花火師さんは空に大輪の花を咲かせようとしている。観客はその花を下から見る。でも上からも見てみたいですよね。愛の側で考えると、こうなるんです。感謝の側で考えると、花火師さんが苦労してつくった大輪に「ありがとう」と頭を下げて上から見てみよう、となる。

こんなふうに、愛や感謝で考えると、アイデアも湧いてくるんですよ。結果的にも、それが逆に良い方向に向かっていくこともありますね。トラブってても、「よかった」とか「おもしろかった」と言ってもらえることが多いです。

私が愛・感謝で考えるようになったのは、村松さんの量子力学の教えもありますが、父の影響も大きいと思っています。

すべては見えない世界でつながっている

お父さんの影響で愛・感謝……。

どういうことか、深掘りしてみましょう。再び原田さんに話してもらいます。

父はシベリアの抑留者でした。父は14歳の頃、国家政策の開拓民として向こうに渡り、戦争に巻き込まれます。父は自身のことを「怖くて敵に銃も向けられず、逃げることしかできない弱虫だった。勇敢な者ほど先にどんどん死んでいった」と、逃げていた自分を恥じていたんです。でも、私がいま存在しているのは、父が逃げて必死に生きたおかげです。敵とすら争うことができなかった父の優しさに感謝しています。

終戦後、父はソ連の捕虜となり、クラスノヤルスク収容所に抑留されました。シベリアの冬はマイナス40〜50度。そんな酷寒の地で、与えられるのはゴザ1枚と毛布1枚。1日に洗面器の水1杯、食事は黒パンと具のない冷えたスープだけ。蚤《のみ》が酷《ひど》いが薬もない。朝起きると隣に寝ていた人が凍死している。体力のない者から死んでいく。そんな生と死の境界の中で、強制労働に耐えながら、いまを精一杯生きることしかできなかったそうです。帰りたい、家族に会いたい、母のご飯が食べたいと願う日々。必死に3年半を生き抜きました。同じ収容所で2〜3000人の日本人が亡くなったそうです。

帰国した者にも残酷な仕打ちが待っていました。「ソ連帰りの赤」と白い目で見られるのです。しかし父は、恨み言を一切言いませんでした。父は優しく愛情深く、常に笑顔で母を大事にしていました。子供や草花が大好きでした。通学路に立ち「いってらっしゃい」「おかえりなさい」と優しく声をかけ、小さな庭の花壇には花を咲かせました。死んでいった人の思いや願いと一緒に生きていたのだと思います。

思い出深いのは食事の姿です。いつも「あったかいなあ」「おいしいなあ」「ありがたいなあ」と、しみじみ言いながら、うれしそうに食べるのです。

湯気が立つ白いお米、蛇口から出る水、安心して寝られる場所、柔らかい布団、暖房や電気、蚤《のみ》のいない生活、服を選んで着られる、行動を選択できる、自由に生きられる、職業を選べる、勉強ができる……みんなが当たり前と思っていることは、とても奇跡的で、ありがたいことなんだよ、と静かに言うのです。

父は、深い悲しみ、辛さ、絶望、くやしさ、寂しさ、寒さ、空腹を知ったおかげで、大きな優しさと愛情を持つことができたのだと思います。日常のすべてに感謝し、日々の幸せを感じて生きていたのだと思います。

私は父を見ていて「幸せは探すものではなく、いま感じるものだ」と思いました。

父からはソ連の悪口も、国家への恨み言も聞いたことはありません。そんな生き方から「許すことも愛なのだ」と学びました。

「愛・感謝」の側で私が生きるのは、父を見ていたからだと思います。いまに感謝し、楽しく生きようと心底思っているのも、その影響だと思います。

村松さんの量子力学では「素粒子側やＺＰＦ側の本質は愛・感謝」だと学びました。すべての存在を生かし、すべてを許す周波数を持っているのが愛・感謝なのだと。

その話を聞き、父は愛・感謝の素粒子側で生きていたのだと思いました。私も愛・感謝の側で生きたいと思います。

原田さんの話は、とても感動的でした。

「幸せは探すものではなく、いま、感じるもの」「目の前の波を感じること」という気づきと実践が、いまの楽しく幸せな現象を引き起こしているのですね。

原田さんのアイデアには、お父さまの思いの振動も含まれています。お父さまの振動にはシベリアの仲間の振動も含まれていることでしょう。私たちの行動のひとつひとつ、現象のひとつひとつが、見えない世界でつながっているのです。

第4章

「時間の壁」を消す

時間の「階層」に気づくチェックシート

レベル1・物質層：時間をつぶす。時間に流される。暇を持て余している。
時間がなく、やりたいことが制限されている。
いつも時間が気になる。時間に追われる感じがある。
時間を切り売りしている。

レベル2・素粒子層：何かをやろうとするときに、時間が用意されている。
時間に間に合うことが多い。
時間内に集中できる。時間が濃いと感じるときがある。

レベル3・ZPF層：時間を自分で創造している感覚がある。
意識的に自分で時間を動かせる感覚がある。
時空全部が私で個体の私を使っている、という感覚。

私たちは「時間は絶対的なもの」と思い込まされている

こんな経験はありませんか？

日曜日、なんとなくテレビを見ていたら、午前中が終わってしまった。「午後から出かけよう」と思いながら、お昼を食べ終えたら、ついウトウト。気がつくと夕方。「あー、せっかくの日曜日をムダにしちゃった」と、損した気持ちになる……。

〝Time is money〟という言葉があります。時は金なり――。時間は有限であり、貴重なもの、という意味です。

近年では「タイパ」なんて言葉もよく耳にします。「タイムパフォーマンス」の略で「時間を効率的に使う」という考え方です。時間を有効に使えば人生はもっと有意義になる、と考える人が増えたのかもしれませんね。

では、時間はどう使えば、有効になるのでしょうか？

若い世代には、映画をスマホで2倍速にして見る人がいるようです。2時間の映画を1

時間は長くもできるし、短くもできる

時間で見終われば〝タイパがよい〟ですよね。でも量子力学的にはブッブーです（笑）。

「時間が主・私が従」になってしまっているからです。

時間に使われてしまっている。これは「レベル1の物質層」での時間の使い方です。

物質世界では「時間は有限」と決まっています。というか、そう思い込まされています。

子供の頃から常に時計を意識させられ、日々「間に合う・間に合わない」と時間と闘っている。時間に縛られて生きているのです。

しかし「時間」というのは、正確なようでいて、じつは、かなり曖昧です。

というか、そもそも存在していないのです。

え、ホント？

本当です。どういうことか、説明しましょう。

量子力学ではなく一般相対性理論ですが、アインシュタイン博士はこう言っています。

「普遍的な時間の流れなど存在せず、時間は直接的なものでも絶対的なものでもない」

ちょっと難しいですね(笑)。わかりやすく言うと、こうなります。

「時間は、過去↓現在↓未来と規則的に続いているように思えるが、そうではない。時間なんて、本当は曖昧なものなんだよ」と。

「時間は並んでいない」し「限定的でもない」とアインシュタイン博士は言うのです。

事実、量子の世界には、時間はありません。ついでに言うと、場所も存在しません。

どういうことか?


例えば、量子の世界では「ひとつの電子が同時に、複数の場所に現れる」なんてことが起こります。また「いま、ここに現れた電子が、同時に過去と未来に現れる」なんてことも、当たり前のように起こります。

これは〝時間は存在しない〟ということを示しています。

それなのに、物質世界に住む私たちは〝時間は絶対的なもの〟と思い込んでいます。

本当は「時間をズラす」ことも、「時間を増やす」ことさえもできるのに――。

あなたの1時間は、３時間にも10時間にも増やすことができます。

「あー、時間がない！　あと1時間しかないじゃん」というときでも、時間の密度を高くする感覚で1時間を3時間分にも変えられるわけです。

どうしたらいいかというと、時間の壁を消すことです。

では、どうしたら時間の壁が消えるのか？　簡単です。意識を変えるだけです。なぜなら、時間の壁をつくっているのは、あなた自身だからです。

まずは「時間は有限」という思い込みを捨てること。そして「自分の意識次第で、時間は伸び縮みする」という事実を知ることです。


これは「信じる・信じない」の話ではありません。一般相対性理論が捉えた事実です。

アインシュタイン博士は、先ほどの言葉に続けて、こうも言っています。

「出来事は観察に依存する。どう見るかによって決まる。したがって、観察者によって、時間の順序や長さが変わる」と。

あなたの意識次第で、時間は長くもなるし、短くもなる。また、過去と現在と未来の順序も変えられる、と言っているのです。

「レベル2の素粒子層」では、時間は自分で変えられる

「ああ、もう時間がないからムリ！」というのは「レベル1の物質層」です。

「あー退屈だ。どうやって時間をつぶそうか」というのも物質側。

「時給1000円なので8時間やったら8000円もらえる」というのも物質側ですね。

「仕事帰りに保育園へお迎えに行って、買い物して、夕飯の用意をして、お風呂に入って……って、もう忙しすぎるわ！」とキレそうになる（笑）。これも物質側だからです。

時間が「主」で、人間が「従」になっているのです。

それを悪いとは言いません。みんなそうですからね。でもじつは「レベル2の素粒子層」も、みなさん経験しているはずです。

例えば、こんな経験はありませんか？

「好きなことを夢中になってやっていたら、あっという間に時間が過ぎていた」

不思議ですよね。嫌なことをしていると時計の針は進まず「あーまだ30分しか経《た》ってい

ない」となるのに、何かに集中しているときは「え？　もう1時間も経ったの」となる。「時間がズレた」のです。このとき、あなたは、レベル2の素粒子層にいるのです。

そもそも、時間というのは、量子的には〝点滅〟でしかありません。それなのに、脳は勝手に「連続している」と思っています。

昨日の夕飯を思い出してみてください。思い出せますよね。

子供時代に楽しかったシーンは？　これも思い出せますね。

未来はどうでしょう。1年後、あなたは何かに喜んでいます。想像してみてください。

なんらかのシーンが頭に浮かびましたよね。

「時間がズレた」のです。いま、あなたは、現在にいながら、過去や未来に行ったのです。あなたは、時間の順序を変えたのです。

誰もが当たり前のように、時間をズラし、順序を変えることができます。それなのに「時間は有限」と思い込み、「時間が主、あなたが従」となり、時間に翻弄されています。

これって、もったいないと思いませんか？　時間は増やせるというのに。

1時間を3時間にすることもできる。厳密には、1時間を3倍の濃さにすることができる。過去にも未来にも、自由に行ける。

私たちはこのような「時間の本質」を知らないため、時間に縛られて生きているのです。

「レベル3のZPF層」では、ボールが止まって見える⁉

レベル３のＺＰＦ層では、「時空全部が私」という感覚になります。

そう言われても、よくわかりませんよね（笑）。

私的には「時間の中に自分の意識を溶かす」という表現がピタリときます。時計の針は、「カチ・コチ・カチ・コチ」と時を刻んでいます。その中にニュウ～ッと入り込んで「カ～～チ・コ～～チ」を広げるような感じ。すると、時間が濃くなるのを感じます。

私は毎朝、写経、お祈りをします。実際には1時間ほどかかっていますが、時間感覚がなく時間が消えている感じ。時間の中に私の意識を溶かしている感じです。

かつてプロ野球に〝打撃の神様〟と言われた人がいました。川上哲治さん。川上さんは「ボールが止まって見えた」と言っています。「時間がズレた」のですね。

これも、次のように説明できます。

意識の実体は「フォトン」という素粒子です。フォトンは振動なので「周波数」を持っています。集中しているときや楽しいときの意識は、フォトンの周波数が高く動くため、波の数が増えます。いっぽう、雑念があるときや退屈なときの意識は、フォトンの周波数が低いため、波の数は減ります。

周波数とは、１秒間あたりの波の数です。仮に、集中している人の周波数を1万Hz、雑念がある人の周波数を１００Hzとすると、１００倍の差になります。集中している人は「１００倍の濃さの波」で振動しているため、「１００倍の情報を処理できる」のです。

打撃の神様川上さんも、このような〝集中した状態〟だったのかもしれませんね。

ちなみに、集中した状態を、仏教では「三昧」と言います。意外かもしれませんが、瞑《めい》想《そう》したり座禅を組んだときも、この集中状態になります。

私のセミナーでは、瞑想をしてもらうことがあります。瞑想後に「何分くらいやってい

図6●時間も振動数で変わる！●

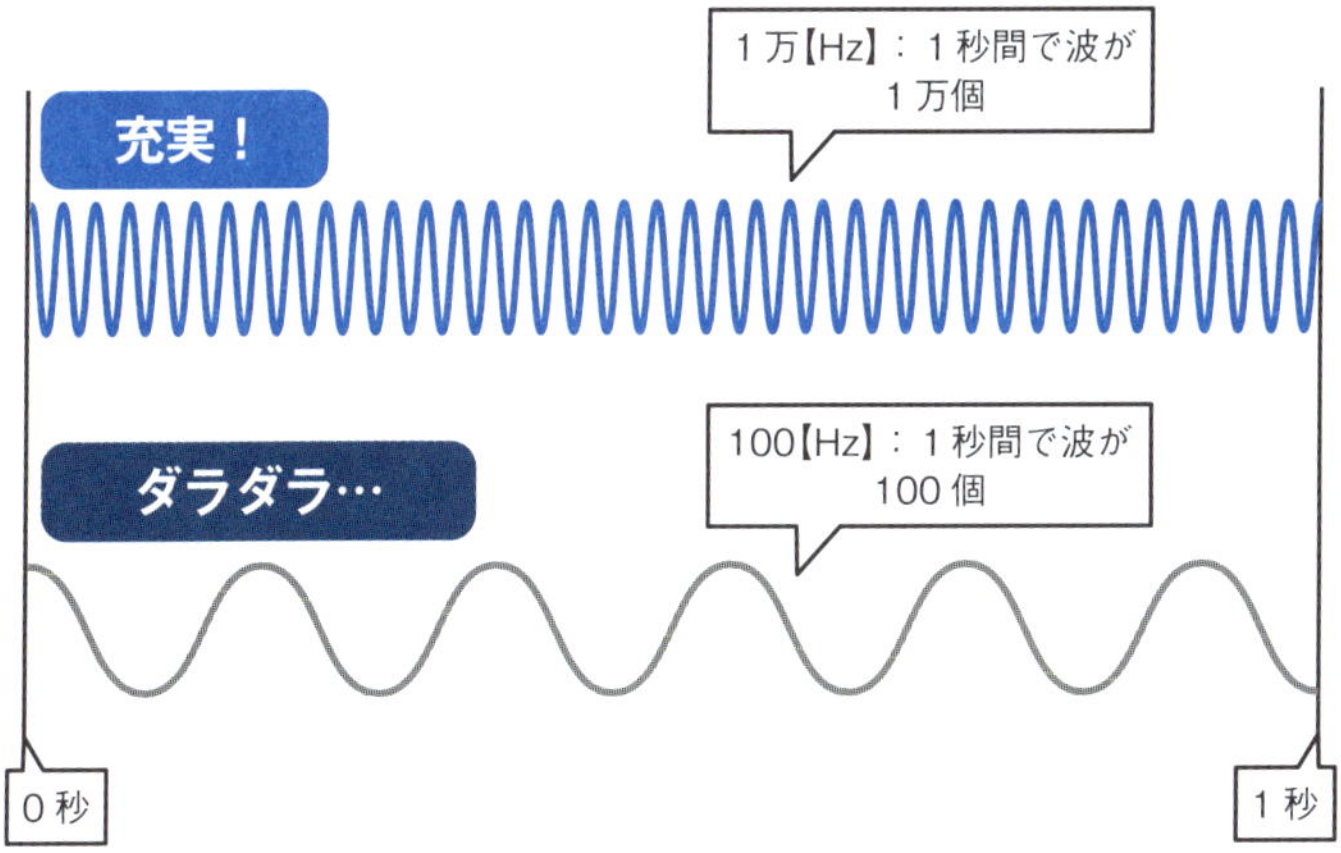

同じ時間でも意識次第で処理できる量が違う！

図7●周りがスローモーションに見える！という例●

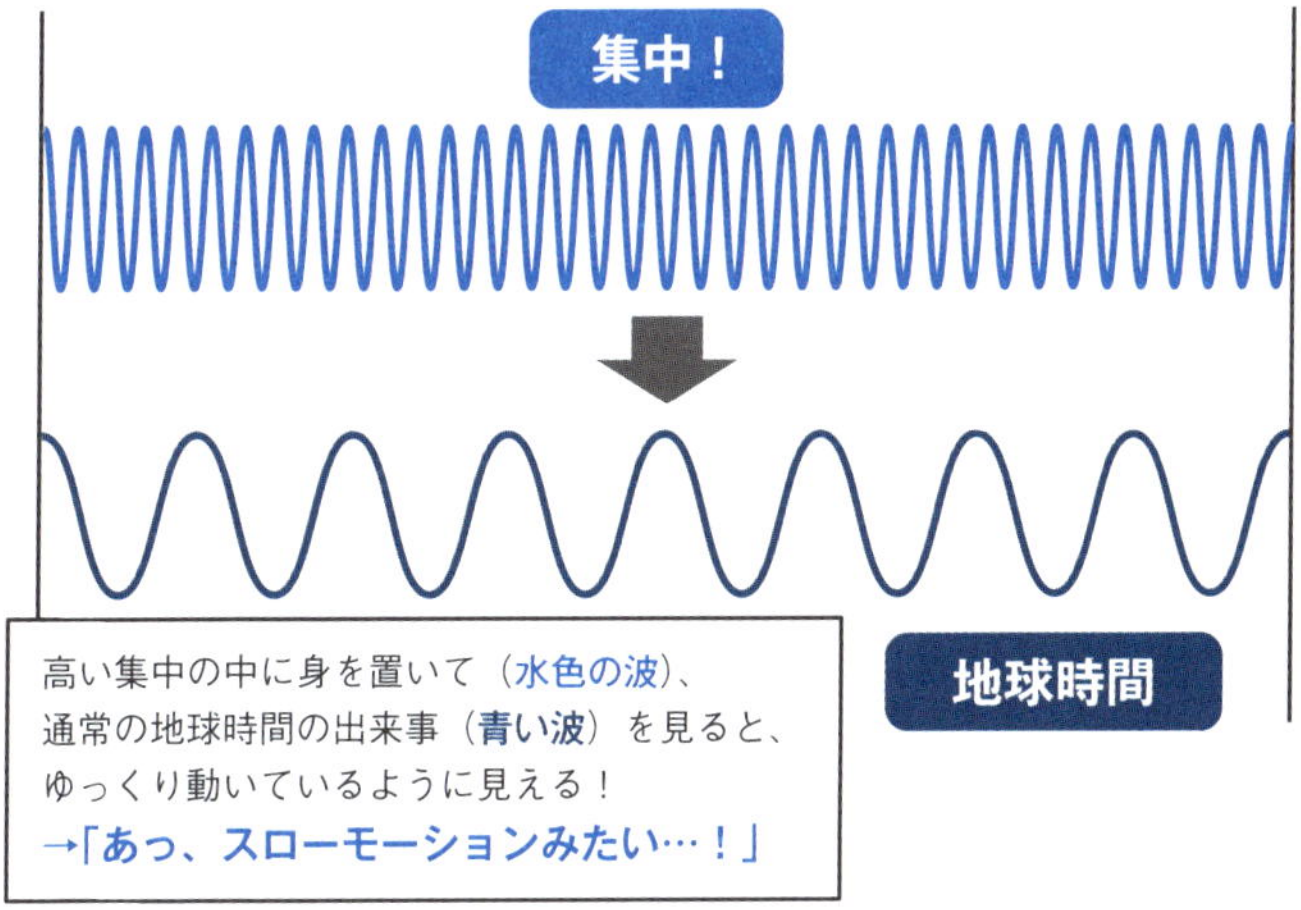

たと思いますか?」と質問すると、多くの人が「5分くらい」と答えます。ですが、本当は20分ほど瞑想していたのです。

短く感じるのは〝超充実〟〝超集中〟の状態に入っているからです。これは時間と溶け合った「レベル3のZPF側」の感覚と言えます(前ページ図6・7)。

日頃からの凡事徹底で、時間の壁が消えていく

日常生活で深い祈りを実践している人は、意識(フォトン)の周波数が高くて細かいため、外から見ると〝静寂〟に見えます。

いっぽうで、いつも「焦り」や「不安」などの雑念がある人は、意識(フォトン)の周波数が低くて乱雑なため、外から見ても〝不安定〟に見えます。

振動が細かい人は情報量が多いため、より多くの仕事ができます。トラブルや不測の事態に遭遇しても、冷静に対処できます。仮に乱れても、すぐに落ち着きを取り戻せます。

乱雑に揺れている人は、集中しようと思ってもできません。トラブルが起きたら、さらに波は乱雑になり、収拾がつかなくなります。

周波数の高い静寂な人と、周波数の低い不安定な人。このふたりが同じ仕事に取り組んだらどんな差が出るかは、言うまでもありません。周波数の高い人のほうが、量的にも、質的にもいい仕事ができるはずです。

つまり、日頃からの凡事徹底が大事なのです。

私が毎朝、写経や祈りをしているのもそのためです。静かな空間で集中して写経したり祈りを捧《ささ》げていると、湖面の波がスーッと静まるように、心が落ち着きます。

時には、不安や焦りなど、感情が乱れることもありますが、そういうときは、湖面がバチャバチャと激しく波打つように、心がざわつきます。

量子の世界でも、これと同じことが起こっています。場（ＺＰＦ）をどんな意識で揺らすかによって、現象は大きく変わってくるのです。

現象は周波数の結果ですから、これは当たり前のことです。

実例を紹介しましょう。宮崎県で開業医をされている大内健人さん（仮名）の例です。大内さんはひとりで毎日150人ほどの患者さんを診ながら、往診もします。目が回るほどの忙しさで「時間の壁に囲まれている」と感じていたそうです。ところが、あるときから一変し、まるで時間が数倍に増えたように仕事ができたと言います。いったい何が起きたのか？　大内さんご自身に語っていただきます。

case 5

大量の仕事をやり切るには時間が足りなすぎる

私は宮崎の延岡市で開業医をしています。63歳、開業して24年ほど経ちます。以前は東京の大学病院で泌尿器科にいました。帝京大、武蔵野赤十字など、レベルの高い病院に勤務し、手術に明け暮れる毎日が7年ほど続きました。

ある日、父の具合が悪くなり、延岡に帰り、東京とは違う医療の現実に直面しました。病院も医師も足りない。患者さんは、小さな子も高齢者もいます。生まれてくる命、消えていく命もある。泌尿器の手術だけをしているわけにはいきません。

「医師として何ができるのか、何をすべきなのか」と深く考え、なんでも診れる〝総合診療医〟を目指そうと思いました。再度、武蔵野赤十字病院の門を叩《たた》き、学び直すぞと。病院側は「給料は安くなるけど、君がそれでいいなら」と許可してくれました。２年間で、一般内科、消化器科、循環器科、皮膚科、小児科と現場での臨床経験を重ねながら、知識と技術を磨きます。勉強になりましたね。

総合診療医としてやっていける自信がついた段階で、延岡に戻り、開業したのです。40歳のときでした。医師は私ひとり。スタッフは看護師さん２人と、受付の人が２人。薬も自分たちで出す院内薬局のスタイルです。

「東京から来たお医者さん」という評判もあり、初日たくさんの患者さんが来院しました。診察が終わったのは夜の11時。カルテを数えたら１１０人分ありました。ありがたいと思いつつ、地域医療の大変さを１日目にして思い知りました。

以来、患者さんの数はさらに増え、現在は常時１５０人ほどを診ています。病院に来られない人の往診もするし、夜間に呼ばれたら急診に向かいます。急病の人も救急車で運ばれてくる。がんなどが見つかる患者さんもいる。手は抜けません。医師は私しかいないし、地域の人にとって、私は頼みの綱なのです。

そんな状態で休みなく働いていると、やっぱり疲れてくるんですよ（笑）。挙げ句の果てには父が施設長として働く予定でつくり始めた認知症施設が完成間近で、その父が膵臓《すいぞう》がんで他界。その施設の経営もひとりでする羽目になってしまいました。

もうダメだ〜。どんなに効率的にやっても1日24時間じゃ足りない、体力も限界、と思っていたところで、村松大輔さんの「量子力学」と出会ったわけです。

「いま、ここ」にすべては組み込まれている——case5の続き

幸いにも、人間関係や金銭面での悩みはありませんでした。世の中の深い悩みを抱える人からすれば、恵まれています。でも、圧倒的に時間がなかったわけです。

村松さんの量子力学では「時間は、過去も現在も未来も、すべてこの瞬間に取り込まれている」と習いました。これはもう衝撃的でしたね。「ZPFを通して、すべてはつながっている」というのも驚きでした。

過去の体験で「意識したものが現実化する」ということは、なんとなくわかっていました。「病気は周波数の乱れによって起こる」というのも、感覚的に気づいていたんです。ただそれを理論的には説明できませんでした。ところが村松さんは、その原

理をわかりやすく説明してくれたわけです。

「あー、これだ！」と思いましたね。もう、毎日が時間にアップアップで、溺《おぼ》れた状態でしたから、藁《わら》にもすがるような気持ちで量子力学を学んだんです。

大きく変わりましたよ。生き方が変わった。

それまでは「あと何人診たら今日は終わる」と考えながら診察してました。そうしないと患者さんを全員診られない。だけど、その考え方が、そもそも間違っていたんです。

村松さんには、こう教えてもらいました。

「自分の周波数を整えることが大事なんですよ」と。

以前は「何人診なきゃ」と私自身を〝消費する〟周波数だったので、時間も消費されていたんです。ところが自分の周波数を整え始めたら、まるで変わるんです。

いま、この瞬間にすべてがあるわけですよ。この患者さんは「何のために来たんだろう？」「どんな周波数なんだろう？」と向き合うと、本当に患者さんの背景が見える。患者さんが勝手にしゃべり始めるんです。以前は「ここが痛くて」「ここが不調で」と話すので、「どんな生活をしてますか？」「ああそれは……」と長い問診が必要でした。病気の原因はどこにある、と探すには、時間もかかるし、疲労も大きくなります。

でもいまは、すぐに本質にたどり着けます。病気を診るというより、患者さんのすべてと向き合い、寄り添うという感覚でいると、原因や不安がなんとなく感じ取られてくるんです。

「大丈夫ですよ。こうしてみましょう」と声をかけると、患者さんの顔はパッと明るくなります。その瞬間に、患者さんの周波数も整うんでしょうね。それだけでよくなってしまう人もいます（笑）。病気を治すという感覚は、まったくありません。

〝自分の分身〟という感じかもしれませんね。村松さんがよく「私はあなたで、あなたは私だ」って言うんですけど、あの感覚がやっとわかるようになりました（笑）。

「時間が伸びた」というか、「時間が濃くなった」ように思います。結果的に、ひとりひとりの診察時間が短くなったし、治療の質も上がりました。疲れも少ない。周波数が整って患者さんが勝手に治っていくというか、生命力が上がっていくのを感じます。

大内さんには、もうひとつ大きな変化が起こりました。

大内さんの病院に信頼できる医師が就職してくれて2人体制になったのです。その経緯を、大内さんはこう話しています。

村松さんから、アドバイスされたんです。「大内さんと同じような意識を持つ医師を、ひとり雇ったほうがいいですね」と。私が「ここは田舎だから、来てくれる人なんていませんよ」と答えると、村松さんが言うんです。

「それは意図してないからですよ。意図したら、そういうふうに動きますから」と。「誰かいい人が来て、一緒に医療をやりたいな」と意図して、自分を整えるようにしました。試しに、自宅と病院の両方に神棚をつくってみました。立派なものじゃなくてAmazonで買ったやつ。土地のエネルギーを借りて、周波数が上がるように意識したんです。

そしたら、本当にいい人が現れました（笑）。昔から知っている腕の立つ外科医です。話が合って即来てくれました。私と違い、彼は非常に理論的な医師なので、おたがいに補完し合える関係です。当然患者さんの数は更に増えましたが（笑）、仲間がいる安心感はかけがえのないものです。

いままでは、外に目を向けていたんでしょうね。「患者さんが多すぎて時間がない」とか「田舎だから人は来ない」って思ってました。だけど、問題は自分自身だったんです。

自分が整えば、自然にいろんなことが整ってくるんです。

医師の仕事は特別と思っていたんですけど、職業は単なるこの世での〝お役目〟だと気づいたんですね。私も含め、ひとりひとりが神様のようなもので、特別な存在であり、みな天命のようなものがあるのだなあ、と感じています。

そして自分を認めたり、許したりすると、スーッと気分が軽くなっていきますよね。

病気も同じようなものだと感じています。

人は死んでも魂は存在するとか、輪廻《りんね》転生《てんしょう》とか、医療の中で私は不思議な体験をしてきました。それを人前では言えませんでしたが、やっぱり、見えない側、ZPF側を診ないと解決できない問題がたくさんあるんです。なので、いまはZPF側を意識しての医療をしています。それが私の役目だと思っています。

時間の壁を消すための3つの意識づけ

大内さんの素晴らしい語りで、またまた私の話すことがなくなってしまいました（笑）。

意識的に時間を動かす、というのではなく、「目の前のことに没入していたら結果的に時間がズレた」と言うほうが、真実に近いのかもしれません。

そもそも時間はないわけですから。それを「有限だ」と思うから、時間に縛られたり、翻弄されたりするのです。その結果、余計に焦り、周波数が乱れて、ますますうまくいかなくなる。時間も足りなくなるわけです。

つまり〝時間の壁〟を消すには、「時間なんて存在しない」という事実を知ることが、第一歩になります。時間に縛られず、目の前のことに集中する――。

簡単に言うと、好きなゲームをしている60分は短くて「え、もう60分も経ったの？」と驚くけど、退屈な学校の授業を受けている60分は長くて「まだ10分しか経ってない」と感じるのと同じです。

時間は絶対的ではないということです。

他にも、アインシュタイン博士の「光速度不変の原理」などで、時間がズレることは、科学的に証明できます。浦島太郎が急に年を取ってしまった現象から〝ウラシマ効果〟などと言われる理論ですが、説明が難しいので深追いはやめておきます。

この章では、以下の3つのことを踏まえていただければOKです。

- **時間は絶対的ではない。**
- **集中度によって時間は伸縮する。濃淡ができる。**
- **自分の周波数を整える習慣をつける。**

この3つを意識的にするだけでも、時間の壁を消すことができます。どれも簡単なので、ぜひ試していただければと思います。

第5章

「ワーク・ライフ・バランスの壁」を消す

ワーク・ライフ・バランスの「階層」に気づくチェックシート

レベル1・物質層：仕事では心を殺しプライベートで憂さ晴らしをする。

ONとOFFを無理やり分けている。

ONとOFFのどちらも何かに縛られて窮屈感がある。

仕事のイライラを家に持ち込む。家のイライラを職場に持ち込む。

プライベートを切り裂いて仕事に充てている。

レベル2・素粒子層：ONとOFFはナチュラルに分けられる。

ONもOFFも〝意識的に〟よりよい気分でいようとする。

ONとOFF、どちらも〝いま〟を楽しめる。

レベル3・ZPF層：ONとOFFの境目がなく、どちらも好きだ。

ONもOFFも私を生かすためにある。

ONとOFFの境がなく、〝自分が輝く時空〟が十分に用意されている。

ワークとライフのバランスなんて、本当は考えなくていい

「ワーク・ライフ・バランス」という言葉が定着するようになりました。ワーク（仕事）とライフ（生活）のバランスを上手に取る、という意味です。以前は「公私を使い分ける」とか「ONとOFFを切り替える」という言い方もされていましたね。

たしかに、会社のものを私用で使う、あるいは会社を利用して自分の利益を得ようとするのはNGですよね。

しかし、私の考えとしては、エネルギー的な意味で「公私を分ける必要性」は感じません。「公私ともにON」なら素晴らしいと思います。この章では、それを考えてみます。

そもそも「仕事」と「生活」という区分けは、物質世界が決めたものです。

視座をズラして「レベル2の素粒子層」や「レベル3のZPF層」で見たら〝仕事と生活という区分け〟は存在しません。私たちは職場にいても、家庭にいても、同じくモワモワ〜ッとした雲でしかありません。単なる素粒子の集まりです。

レベル1〜3でのワーク・ライフ・バランスの視座とは

ただし、モワモワの雲の状態は、職場と家庭では違っているかもしれませんね。

職場ではどんよりと真っ黒な雲が、家庭ではピンクに光り輝いているかもしれません。

雲の状態は、自分がどんな周波数で振動しているか、周りの人からどんな振動を受けているかによって決まります。

常に「愛・感謝」の周波数でいられるなら、職場にいても家庭にいても、ピンク色でモワモワ〜ッと光っています。それは最高でしょう。

わざわざ「職場だからブルーに」とか「家庭だからピンクに」などと切り替える必要はないのです。

どこにいても「愛・感謝」の周波数で存在できたらいいな、どんな場面でもピンクのモワモワの雲でいられたらいいな、と私は思っています。

「レベル１の物質層」でのワーク・ライフ・バランスは、「ワークとライフをバランスよく」なんて言っている時点で、仕事と生活の間に大きな壁がありますよね。

例えば、昭和時代は「男は家庭を顧みずに働け」とか「女は家庭を守れ」などと、極端に偏ったバランスを求められました。その反省から、いまは「残業をせずに帰宅しましょう」とか「夫も育休を取りましょう」などという制度も設けられるようになりました。しかし、それは仕事と生活の境目（壁）をズラしたにすぎません。「仕事が主・生活が従」という関係性も、実質的には変わっていないように思えます。

レベル１の視座でいる限り、「仕事と家庭の境目」や「主・従の関係」は存在します。そこに問題が出てくるわけです。

やはり、この壁を消したいなら、視座を深めるしかないと思います。

「レベル２の素粒子層」では、周波数になってくるので、仕事と家庭の境目（壁）は曖昧になってきます。「職場では１０００Hz」で「家庭では１１００Hz」というように、スイッチを切り替える感じと言えます。

すると、その周波数で〝場〟は揺れます。職場であなたがイライラしていれば、他の社員もイライラで揺れる。家庭であなたがラブラブで揺れれば、奥さんもラブラブで揺れます。

そのように「自分の周波数が〝場〟を揺らし、人を揺らす」ということに気づいているのが、レベル2の素粒子層のワーク・ライフ・バランスです。物質的に区切られたレベル1と比べたら、柔軟性や広がりが出る分、〝楽〟（軽い・楽しい）と感じるはずです。

「レベル3のZPF層」では、ワーク・ライフ・バランスという言葉自体が、もはや無意味と言えます。職場も家庭も「全部が私」となるからです。

「職場では1000Hz」とか「家庭では1100Hz」と周波数を切り替えるのではなく、**どこにいても、どんな状況でも、「愛・感謝の周波数」で存在します。**自分を「愛・感謝」で生かし、相手も自分と分け隔てなく「愛・感謝」で生かします。

「自分はこれをする」「これがしたい」という使命感のようなものに突き動かされます。とはいえ「〇〇しなければ」と縛られた使命感ではなく、喜びの中で、自然に、自由に動く感じです。「内側から照らされて動く」という感覚になる人もいるようです。

「ライスワーク」と「ライクワーク」と「ライトワーク」

ちょっと観念的な話になりますので、イメージしやすいように、図にしてみますね（次ページ図8・9）。

右側が「レベル1の物質層」で、そこから「レベル2の素粒子層」になり、左に行くほど「レベル3のZPF層」に近づいていきます。

レベル1の物質層は、まさに「社会通念」に従って生きている感じです。周りからの評価を大事にして、自分を生かしていません。自分の思いとは別に、生活費のためだけに仕事をする感じです。食うために仕事をするので、言うなれば〝**ライスワーク**〟です。

レベル2の素粒子層は、「自分らしさ」を大事にし、自分の魂に従って生きる感じです。自分の得意を生かして仕事をするので〝**ライクワーク**〟と言えます。

図8● 3つの階層における生き方のイメージ●

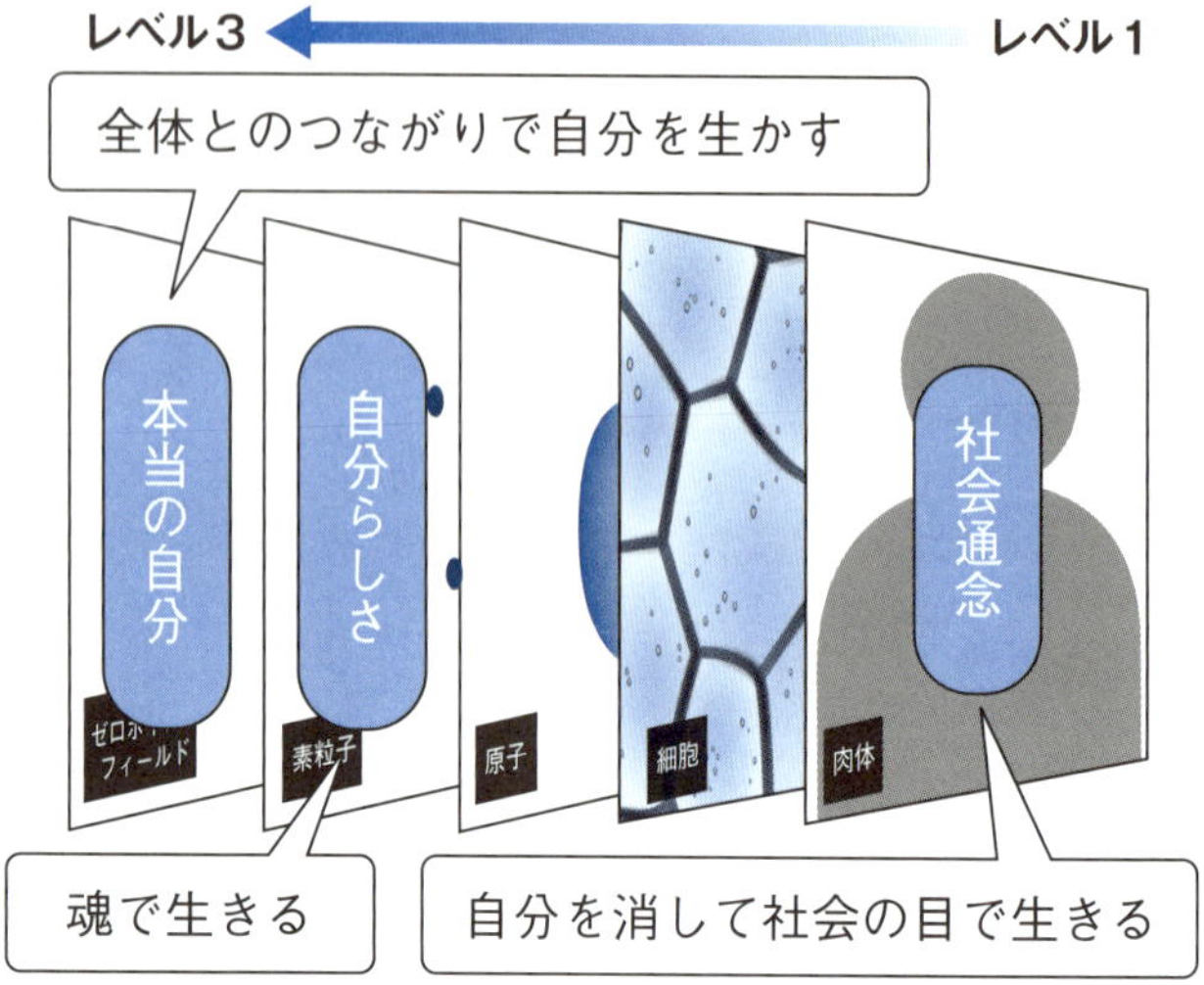

図9● 3つの階層における仕事のイメージ●

レベル1

社会通念 **周りからの評価で決める**

自分の思いとは別に、
生活費のために仕事をする。
ライスワーク。

自分らしさ **自分の大好きなことを行う**

自分の得意を生かして仕事をする。
ライクワーク。

本当の自分 **ZPFからもらい受けている「自他ともに一体」の境地**

個人レベルの能力を超えて、大いなる側から突き動かされて仕事をする。
ライトワーク。

レベル3

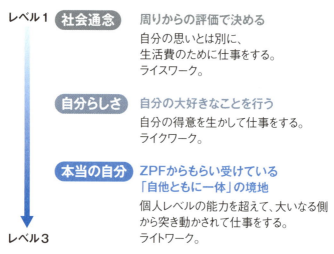

レベル3のZPF層では、「本当の自分」で生きています。本当の自分は、ZPFからもらい受けているので「自他ともに一体」の境地にもなります。個人レベルの能力を超えて〝大いなる力〟を与えられているようにも感じるし〝大いなる側〟から突き動かされているようにも感じます。光のお仕事というイメージで〝**ライトワーク**〟です。

自分が灯台のような存在になり、みんなを明るく照らす、という感じで素敵ですね。


あなたはいま、3つの中の、どのワークをしているでしょうか？

私は若い世代ともよく話しますが、「いまの仕事は自分に合わない」と言って辞める人が多いんですね。でもそれは「ライス」または「ライク」の段階なので、次の仕事も合わないと感じる可能性が高いです。理想的なのは、自分を生かす側、ライトワークです。

実例を紹介しましょう。シングルマザーの辻本里香さん（仮名）の例です。

家庭が心配だと仕事もうまくいかない。仕事が不調だと、家庭も不調になる――。そんな経験をした方もいるでしょう。辻本さんは、まさにそのケースです。

何に気づき、どんな変化が起こったのか。辻本さんご自身に語っていただきます。

case 6

シングルマザーで「公私」を背負い込んで自滅

私は鹿児島県の出身ですが、主人と離婚をした後、長野県で暮らし始めました。主人は転勤族で、いろいろな地域に住みましたが、長野と相性がいいと感じたんです。

1歳10か月の息子とふたり、慣れない土地での生活は楽じゃありません。保育園に預かってもらい、在宅の仕事をしました。でも、なんだか寂しくて……。ただでさえ余裕がないのに、ある団体でボランティア活動を始めたんです。

これが間違いだったのかもしれません。私、頑張りすぎちゃったんです。「やるからには仕事も育児もボランティアも、手抜きしちゃダメ」と思っていました。でも頑張れば頑張るほど、苦しくなるし、体調もおかしくなる。息子も精神的に不安定で、ついに私「もう何もかも嫌だ！」と、全部放り出して逃げようとしたんです。

そんなときに、たまたま入った図書館で、パッと目に留まったのが村松大輔さんの『自分発振』で願いをかなえる方法』という本でした。

〝自分発振〟って言葉を見て、「あ、原因は私が発する何かなのかも」ってピンときたんです。「量子力学」はまったく知らないけど、「願いをかなえる」という言葉にはすごく惹《ひ》かれました（笑）。お金も欲しいし、仕事も欲しい、子育てもうまくやりたい、遊びもしたい、って願いだらけでしたから……。欲深いんですかね、私（笑）。

量子力学では「自分の発する波が現象を引き起こしている」と教わりました。私はどんな波を発しているかと考えたんです。で、気づいたんです。私は自己犠牲の波を発していたのだと。子育ても仕事も、さかのぼって主人との関係も、「私がもっと頑張ればいい」「うまくできないのは私のせいだ」と思っていました。目の前のことがうまくいくために、自分は我慢すればいい、って考えていたんです。だから、私の身に起こる現象は、仕事でもプライベートでも〝私に我慢を強いること〟ばかりだったんだ、と気づきました。

自分を大事にし始めたら、壁が成長の扉に変わった

辻本さんは、自身の内面と実際の現象を振り返り、自らの周波数に問題があったことに

気づかれました。それは本当に勇気のいることだと思います。自分の内面を見つめれば、嫌なこととも向き合わないとなりませんからね。

たいていは目を背け、誰かのせいにしたり、運のせいにしがちです。でも、辻本さんは、そこから一歩踏み込み、「頑張っている自分を認め、うまくいかない現象を引き起こしていた自分を許し、もっと自分を愛する」と決めたそうです。〝自己否定の周波数〟をやめ、〝自分を愛する周波数〟にしたのです。すると、現象が変わってきたと言います。どんな変化が起こったのか、辻本さんに再び語っていただきます。

・・・・・・・・・・・・・・・・・・・・・・・・・・・・・・・・・・

ウソみたいで笑っちゃうんですけど（笑）。

まずは、中断していた趣味の刺繡《ししゅう》を再開してみたんです。ブランクがあったのに、一針も間違えずにスイスイ縫えました。心が静かというか、意識が透明というか。で、その作品を展覧会に応募したら、国際的な展覧会に出品する権利をいただいたんですよ。作品を見てくださった展覧会の主催者の方々が「今度行われる展覧会にぜひ」って。それで作品が海を渡ることになったんです。なんか、ずーっと狭い空間に閉じこもっていた私なのに、急に羽が生えて、空を飛びたったたような感じでしたね。

パーッと視界が開けた。

次の仕事も決まったんです。会合でお会いした方に「仕事を探している」と何の気なしに言ったら「じゃあ、うちで働いてみない?」「えっ、ホント?」って感じで。新しい事業を展開する人手が欲しいということでした。急な展開でためらったんですけど、思い切って飛び込んでみることにしたんです。画像解析の仕事でした。パソコンは得意ではなかったんですけど「誰だって最初は素人だよ」って社長さんが言ってくださって。その作業がおもしろくてのめり込みました。そしたらなんと正社員に!

でも、以前の反省もあるので、自分を犠牲にするようなことはしません。「仕事の時間だけ集中する。目の前の仕事をひとつひとつ丁寧にやる」って決めています。それと「私ってすごい。この仕事は本当に楽しい。私の処理した画像は人の役に立っているんだ」って、そんな周波数で自分が振動するように意識しています。

息子の心の状態も安定しています。何よりも私が私を大事にしています。寝るときも「自分を労《いたわ》る。体を休ませるぞ」って感じで(笑)。とにかく自分を締めすぎない。「よくやってるよ」って自分をほめる。周波数を変えただけです。

そしたら、目の前は壁だらけだったのに、そこに扉ができてパッと開いた……。イメージとしては、壁と感じていたものを通して、自分がどんどん成長していく感じです。扉が開いて進んでいくと、次の壁が現れる。でも成長できたら、その壁がまた扉になる。それを開けると新しい世界が開ける。壁は成長を促し、扉は成功を後押ししてくれる。その両方を兼ねているんだと思います。

最後になりましたが、書籍化のためにこちらのインタビューを受けた1週間後に、展示会の方から連絡がありました。前回の作品を見た方が「来年の展示会にもぜひ参加してほしい」と推薦してくださったんです。2年連続で海外の展示会に出品させていただけるなんて、とてもありがたくってびっくりしています。

私が私を大切にすることを忘れずに、これからも趣味や仕事を楽しみます。

新しい世界に飛び込むときは、ヒョイと身を預けてみる

実体験を通して成長された方の話は深いですね。周波数を〃愛・感謝〃で整えるだけで

なく、目の前に開けた世界に「思い切って飛び込む」というのも、よくわかります。

私にも同じような経験があります。扉を開けて一歩踏み出すのって、勇気がいるんです。でも、ヒョイと飛び込む感じで、身を預けてみると、意外とすんなりいく。

以前『「量子力学的」パラレルワールドの法則』でも話しましたが、パラレルワールドを乗り移るときに〝飛び込む〟感覚になる人がかなりの割合でいるのです。

この章は「ワーク・ライフ・バランス」がテーマでしたが、その範囲を超えて、「働くとは何か？」「自分を超えるとは何か？」という深い話になってきました。

働くってなんなんでしょうね？　仕事ってなんなんでしょうね？

開華の若いふたりのスタッフにも聞いてみました。

「なんでうちの会社に入ったの？」と聞くと、24歳のなぎちゃん（女性）は、「ときめき」と答えてくれました。「私がここに存在したいかどうか。ときめきながら、存在できる環境かどうかが大事だと思っています」と。なんとも頼もしいです（笑）。

同じく24歳のたっちゃん（男性）は「居場所」と答えました。「将来はわからないけど、いまは開華のＩＴの整備。セミナーをＶＲメガネで見たら、みんな素粒子で見える、みたいなシステムをつくりたいです。開華は自分を生かせる自分の居場所です」と。

「ときめき」も「居場所」も、どちらも大事ですよね。どんなに仕事でときめいても、能力を生かせる仕事でも、ヒリヒリする職場だったら、行きたくないですからね。

では、職場に行きたくないとき、逃げたくなったときには、どうすればいいのか？

量子力学がそれを教えてくれます。

現象は自分の発している振動（周波数）によって起こるものです。なので、現象を見れば、自分がどのような周波数を発していたかに気づくことができます。

「自分の発していた周波数がよくない現象を引き起こしていた」と思うのなら、周波数を変えてみればいいのです。そのうえで「愛だったらどうするか」「感謝だったらどうするか」という〝愛・感謝〟の周波数で行動してみたらいいと思います。

「好き」を「お役立ち」に変えていく

話は少し飛躍しますが、これからの世界では「多くの職業がＡＩに取って代わられる」などと言われます。また「ベーシックインカムが導入され、国から無条件にお金が配当される」などと言う人もいます。人間は〝生きていくだけ〟の存在になる、と。

本当にそんな世の中になってしまうのでしょうか？　私は嫌です。だって、やりたいことをできない、才能を生かせない社会は、たぶん苦しいですから。

そうならないよう、私の開華では、生徒たちに「好きをお役立ちに変えていく」というワークをさせています。

ゲームが好きなシンジ君を例にします。休みはずーっとゲーム漬け。家族も「この子、どうなっちゃうのか？」と心配しています。私はシンジ君と話してみました。

「シンジ君、そのゲームの才能、人の役に立てるよう、生かしてみない？　ゲームの影響力ってすごいじゃん。シンジ君も夢中でやってるでしょ。人を変えていく力があるんだよ。聞いた話なんだけどさ、昔、カラーテレビが５０００万人に広がるのに何十年もかかったんだって。飛行機の利用客が５０００万人に到達するのに二十数年かかった。でもね『ポケモンＧＯ』は2、３日で５０００万ダウンロードされたんだって。あっという間に広がっちゃうんだ。影響力、すごいよねー」

シンジ君は「すげえー。ゲームおもしろいもんね」と得意顔です。私は続けました。

「だったらシンジ君、ゲームの才能を開発する側で発揮してみたら。人の役に立つようなゲームってつくれないかな？」

「うーん。平和な世界を広げていくゲームとかいいんじゃない。ゴミ拾ったらコイン１枚とか、動物助けたら２枚とか。ケンカになったらコイン没収。戦争になったらゲームオーバー。どうしたら平和になるか考えるゲーム。ＶＲでリアルにしてもいいし」

シンジ君が将来、ゲームをつくるかはわかりません。しかし「好きをお役立ちに変える」という〝きっかけ〟が芽生えればいいな、と思っています。私たちは振動なので、その小さな波が波紋となり、広がっていくからです。

公も私も、目の前のことに夢中になって最大限に振動させる

ワーク・ライフ・バランスという考えを否定するわけではありません。でも私は「ワー

ク」と「ライフ」を分けるのではなく、やはり一体化していることが理想だと思います。どちらも〝愛・感謝〟の周波数でいられれば、いい波が広がっていき、その振動による現象が起こるからです。

一体化と言えば、とても興味深い話を思い出しました。昨年に亡くなられたお坊さんのお話です。中村公隆という高名な和尚さま。ご病気で息を引き取る5分前まで酸素濃度も血圧も正常で、最期の5分間でスーッと人体から抜けられた、というお方です。

中村和尚は、生前、弓矢に関して次のようなことを言っています。

「的に当たってから矢を放つ」と。

おそらく、意識の中では、的と自分と矢が一体化しているんですね。周波数がピタッと一致する、ということなのかもしれません。その奥義をこう説明されています。

「鉄砲でものを狙うときに、下手な人は一生懸命狙う。狙うことによって『当たるだろうか』と自分で的を遠くする。上手な人は目標に向かう。スーッと目標と自分とがひとつになる。息が通い合う。目標が近くに見えたり大きく見えたりしてきます。

仕事もまったく同じです。ムダなことが減って、勘所をズバッといくようになる。ついには名人達人の域を超えたような状態。神様仏様の世界。そうなると宇宙一切のものがひとつです。仕事も自分とひっついている。自分ができたときには仕事もできてるし、仕事ができたときには自分もできている」

すごい境地ですよね。中村和尚が言う「神様仏様の世界。そうなると宇宙一切のものがひとつです」というのは、まさに「レベル3のZPF層」ということですよね。

視座を変えると、仕事もプライベートも全部自分の生き方になる。

仕事でも家庭でも、目の前のことに夢中になって最大限に振動させる。すると、結果的に自分も生き、相手も生きる〝お役立ち〟の状況になるのだと思います。

第6章

「お金の壁」を消す

お金の「階層」に気づくチェックシート

レベル1・物質層　：お金がないことで、やりたいことが頻繁に制限されている。

高いか安いかで判断している。

いくらあっても足りない。いつもお金がない。


レベル2・素粒子層：何かやろうとすると、見合った経済が用意される。

買い物をすると「生産者や販売者も儲《もう》かる」とうれしくなる。

お金はエネルギーが現象化したものだと思っている。


レベル3・ZPF層：お金を自分で創造している感覚。

自分を生かし、輝かせるためにお金が流れている。

世界中の経済が自分という肉体を通して流れ、「お役立ち」させていただき、世界へ経済が流れていく感覚。

お金のエネルギーが純粋で、そのエネルギーがそもそも私。

八方塞がりだった私の人生を量子力学が変えた

お金に関しては、みなさんも悩みが大きいと思います。仕事でよく聞くのは「給料・報酬が低い」「予算がない」「利益・売上が伸びない」という悩み。お金の〝3大壁〟と言えそうです。

かくいう私も、お金の苦労を味わっています。お金の「多い・少ない」「十分・不十分」というのは、人それぞれの感覚です。1億円あっても不十分と思う人もいるし、10万円でも十分と思う人もいます。予算や利益も、会社や事業の規模によってそれぞれです。

というわけで、金額がらみの話は「共通の理解」が得づらいところがあります。そこで、この章では最初に、私の体験から聞いてもらうことにしましょう。

そのうえで〝お金の壁〟はなぜできるのか、量子力学的にどう消していけばいいのか、という話をしたいと思います。

前にも話しましたが、大学を卒業後、私は父の経営する会社に勤めました。東大の工学部を出た私は、やりたい分野もあったのですが、父に頼まれ家に戻ることにしました。もちろん、すぐに会社は継げませんし、社員は色眼鏡で見ます。私は真面目に働きましたが、周囲との溝は深まる一方です。「もっと頑張らなければ」と自分を責めますが、仕事も人間関係もうまくいかず、うつ病になってしまいました。

いまから考えれば当然です。「自分を否定する周波数」で存在しているわけですから、自分が周囲から否定されるのは、当たり前なのです。私は、最愛の妻までも責めてしまう有様で、仕事や家庭だけでなく、まともに生きることさえ危ぶまれる状態でした。大きな壁が、私の四方八方を取り囲んでいたのです。

真っ暗な壁の中で差し込んだのは、妻や当時の女子社員でした。妻は純真で、私の本質側をまっすぐに見てくれる人でした。「大ちゃんは本当は何をしたいの?」と一生懸命に私の心の声を聞き続けてくれました。また、女子社員はあまりに青い顔をして鬱々としている私に「自分ほめ」をすることを書いた本を貸してくれました。

いままで「周りからどう思われるか?」の社会評価で自分を決定し、「自分がどうしたいか?」「自分が何を感じているのか?」を完全無視していた私は、「オレは本当は何をしたいんだろう?」と、ようやく自分の心の声を聴き始め、心を拾うことを始めたのです。

空手部育ちで自分をほめるよりも自分を叩《たた》き鍛えることばかりやってきた30年近く。意識的に「自分をほめ、ねぎらう」というのを生まれて初めてやってみました。すると本当に不思議、3か月近く続いた一部社員からの無視が、1週間で止まったのです。2012年7月のことでした。自分をほめ、ねぎらう。すると、無視をしていた男子社員の心の辛《つら》さも理解することができ、社内の人間関係がどんどんよくなっていきました。

結局、私が私の心を無視する、という周波数で現実をつくっていたのです。でも妻だけは、私に「大ちゃんは本当は何をしたいの?」と聞き続けてくれました。その言葉をどんどん深めていき、「オレは子供たちが、人がキラッと輝く瞬間を見たい。それが好きで、それをやりたいんだ」という思いがどんどん大きくなっていったのです。

その5か月後の12月。父が42年間続けてきた会社を閉業することになりました。「会社をどうにかしなければ」「社員からの無視をどうにかしなければ」というとても超えられそうもないような壁が、パッと消えていたんです。

「お金がない」を観測するから「お金がない」が現象化する

「オレが本当にやりたいこと」。吉田松陰先生が幕末の志士を育て、日本を変えたように、私も「沼田市から世界に羽ばたく人財を輩出すること」。私の目標は「地球平和」で、実現には人財を育てる必要がある、と考えたのです。途方もない夢ですよね（笑）。でも私は本気でした。そして「開華」という学習塾を立ち上げたのです。希望に燃えていました。

２０１３年３月。立ち上げて最初の月の記念すべき収益は、なんと６万８５００円（笑）。家賃を払うと生活費はほとんどありません。妻と子供たちを食べさせていけないと焦りました。「もっと頑張んないと！」。

塾で収益を上げる方法はひとつです。生徒を集めるしかありません。少しずつ生徒は増えていきましたが、生活できるほどではありません。

「足りない、まだ足りない、もっと頑張って増やさないと」

でも、焦っても増えません。借り入れもしました。挙げ句の果てには、他者依存です。

「ママ、もっと働いてよ」とか「そもそもお父さんのせいでこうなったんだ」と心の中で責めます。

そんな気持ちだからなのでしょう。やめる生徒も出てきます。「またやめちゃうのか」と心底がっかりします。入ってくる生徒もいるのですが、「まだ足りない」というエネルギーが勝るため、喜びが少ないのです。マイナスのエネルギーが大きくて、喜びのエネルギーが奪われていくのです。

そんな状態が1年半ほど続き、もはや我が家の経済は限界でした。「もうダメだー」と絶望しかけたとき、ハッと気づいたんです。

「これって量子力学的にダメなやつじゃん」と。お金に追われるうちに、目標を見失っていました。「お金がない」という現実ばかりを見ていたのです。

量子の世界では、意図したことや観測したことが出現する確率が「1」に近づいていきます。「お金がない」を観測し続ければ、その確率が「1」に近づき、やがて現象化します。私は、自らそれを実証していたのでした。

実体験を通して、量子力学の真理を確信した

私は自分の周波数を変えようと思いました。

まずは、生徒が入塾する度に「ありがたいなー」と思うようにしたのです。正直、最初は疑心暗鬼でした。量子の世界の原則は、ミクロの世界でのことです。「観測すると確率が1に近づく」が、現実世界の現象を変えるかどうかなどわかりません。

でも、「お金がない」を観測し続けたら、「お金がない」が現象化した。ということは、逆の現象も起こるはずです。そこで、本来の目的に立ち返り、「お金がない」という邪念を振り払い、生徒ひとりひとりに真剣に向き合うことにしました。

塾に生徒が入る度に「優秀な人財を育成するチャンスをいただいた」と感謝する。その子の表情が明るくなる度に「私は役に立っている。育成の機会をもらってありがたい」と、邪心を捨てて感謝するようにしました。

私が「優秀な人財になる」と信じているのが伝わるのでしょう。生徒が自分の才能を信

じ、どんどん伸びていきます。すると、おたがいの信頼も深まります。「ああ、ありがたい」と感謝がどんどん深まってくるのです。

生徒数がどんどん増えるという現象も起こり始めました。収益も増えて、家賃や光熱費を払えるようになりました。お金のことは考えず、ただひたすら生徒に集中して向き合い続けます。こうなると、天才性を発揮する生徒がバンバン出てきて、塾全体が〝できるHz〟の周波数で揺れてきます。生徒みんなが「自分もできる」という気になり、「あの塾に行ってみよう」という子も増える。

私は確信しました。「観測すると確率が1に近づく」のは本当なんだ。「自分の発振する波（周波数）が現象をつくる」というのは、こういうことなのだ、と。

どんどん広がる「量子力学的活学」の波紋

開華では、偏差値80台の生徒をはじめ、5教科で学年トップを記録する生徒が多数出始めました。スポーツでも、フェンシング日本代表、空手道個人組手全国大会出場、卓球全国大会出場、レスリング東日本大会優勝など、目覚ましい成果が上がり始めました。

これらの結果のおかげで小・中・高校生だけでなく、開業して10か月ほどしてからは、大学、企業の新人研修、幹部研修、経営者が集まる倫理法人会など、さまざまな現場から講演依頼をいただくようになりました。本当にありがたいことです。

「本を出しませんか」というお声がけも頂戴し、何冊もの本を出させていただきました。また、毎朝6時に配信していたブログは、いまではYouTube配信でのセミナー動画に移行し、のべ1100万回の再生数に達しています。講演会、勉強会、セミナーなども全国で開催していただき、9万人が参加してくださっています。もう感謝しかありません。

「ありがたいな〜」と感謝で揺らしていることが、この現象を引き起こしているのです。

湖面に小石を落とすと、チャポンと水が跳ね、円状に波が広がっていきます。いわゆる波紋です。私の中の湖面（ZPF）に、小石が落ちて、波がどんどん広がっていく。まさにそんな感じなのです。

量子力学の実践は、いまや日本だけでなく、世界に広がり始めました。仏教界にも興味を持ってくださる方が多数いらっしゃいます。本当に〝有り難い〟ことです。心からの感謝しかありません。そして、私の本当の意図「地球平和」がどんどん達成されてきていることを感じています。

感謝に加えて「豊かさ」を観測すると、経済が豊かになる

ちょっと自分の話が長くなってしまいましたね。私のお伝えしていることは、量子力学の理論ではなく、それをベースにした〝活学〟です。「実生活で応用したらどうなるか」「どうなったか」という〝生きた学び〟です。本書の中で多数の実例を紹介していますが、実践していただければ、みなさんにも同様の現象が起こるはずです。

お金に関しては「ありがたいな〜」という感謝に加え、「豊かさを観測する」とか「豊かさを響かせる」ということも有効だと思います。

どういうことか？　友人のひとりは、豊かさを次のように観測すると話しています。

「新緑の春には、葉をつけた木々や開いた花を見て『きれいだなー、豊かだなー』と

思う。夏には輝く樹木を見て『すごいなー、豊かだなー』。秋は実をつけた植物に『豊かだなー、ありがたいなー』。冬は萎《しぼ》んだ植物に『頑張ってるなー、すごいねー』と言う。だってすごいでしょ。雨が降って太陽が注ぐだけで、葉っぱが出て花が咲いて実がなって。何十年も生きてるんですよ。本当に豊かですよ。おかげで僕らも呼吸できる。豊かさをもったいぶらずに共有してるんです。豊かでしょう（笑）」

スーパーに行く度に、豊かさを観測し、感謝を響かせる友人もいます。

「なんでも揃《そろ》ってて豊かだなー。ありがたいな。野菜を育ててくれる人、魚や動物、食品を製造してくれる人、運んでくれる人、並べてくれる人、売ってくれる人。そのおかげで、私たちもおいしく食べられるんです。本当にありがたいですよ」

ああ、お金があったらＡ５の牛肉が食べられるのに、などと思わず、豊かさを観測し、感謝するんですね。すると、湖面（ＺＰＦ）にチャポンと入れるものが「豊かさ」となり、豊かさの波が波紋となってあなたの面前に現れ始めます。

目の前の仕事に没頭する。覚悟を決めたらお金が回り始めた

友人であるフリーの編集者の例も紹介しておきましょう。彼もお金に苦労した人です。以前勤めていた出版社で精魂尽き果て、心が動かなくなった彼は、会社を辞めてフリーの編集者になりました。ですが「出版不況」と言われるご時世で苦戦していたそうです。私と同じように「入ってくるお金がない」と言うのです。彼の気づきや、その後に起こった変化を彼自身に語っていただきます。

2枚のクレジットカードを使って、A社で引き出し、B社で払うってことをしてました。ガス・水道・電気の請求書が来ても払えない。「米櫃《こめびつ》が空になる」という表現があるけど、本当にそうなりました（笑）。育ち盛りの娘と息子がいて。健康保険も払えず、滞納してたら10割負担になりました。病院には行けません。おかげで健康体になりましたよ。

だけど、あの時期は本当に辛かったですね。仕事をいただいても、お金のことを考えてしまいます。来月はどうしよう、再来月は、来年生きてるかなとか。出版社での打ち合わせに、電車代を節約して歩いたこともあります。でも、靴がダメになって余計にお金がかかる（笑）。いまから考えると「お金がない」を観測してたんですね。

兄にも借金しました。食品会社の重役をしている兄は「もうその仕事は辞めろ。俺の知っている会社で運転手をしなよ」と紹介してくれました。僕ら家族を心配してのことです。兄も辛かったと思います。

面接に行った帰り道、ありがたいのと、情けないのとで、涙がボロボロ出てきました。「俺、何やってるんだろう」って。でも、出版の仕事を辞める踏ん切りがつきませんでした。妻は「あなたはそれでいいの？　自分の力を生かせるの？　もう少しふたりで頑張ってみようよ」と。もう大泣きですよ。

ちょうどその頃です。村松さんを紹介されたのは。量子力学を知り「ああ、自分の周波数が悪いから現象も悪かったのか」と素直に思いました。というより、藁《わら》にもすがる思いでしたからね、信じるしかなかった（笑）。で、決めたんです。

「お金がなくても、自分を生かす。目の前の仕事に没頭する」と。

毎朝、祈るようにもしました。

「私は天の意志の下で働きます。世界の人々の幸せと平和のために今日も最高の私を発揮します。働けることに感謝します。どうかお守りください、お導きください」

神棚も手づくりしました。ホームセンターで板と釘《くぎ》を買って、総額８００円。カッターで切るので時間かかるんですけど、「私は天の意志で働きます」って言いながら、夜通しやって完成しました（笑）。妻は「鬼気迫るものがあって声かけられなかった」と笑ってました。でも、その頃からバタバタバタと、本当に現象が変わり始めたんですよ。驚きましたね。量子力学すげえ！　村松さんすげえ！　って。もう感謝しかないですよ。

・・

彼が携わった本は、立て続けにヒットします。なんと、その中の１冊は、ある年の「年間ベストセラー第１位」という快挙も達成しました。

実際、彼の雰囲気も変化しています。表面的にではなく、素粒子側から変わり、周波数も変わったのだと思います。もちろん、目の前の仕事に真剣に向き合い、「人々の幸せ」と「自分を生かす」を念頭に置いていることは、言うまでもありません。

レベル1～3の視座で「お金の壁」を確認する

具体的な実例が続きましたので、おさらいの意味を込めて、お金の壁を「レベル1の物質層」から「レベル3のZPF層」で見てみることにしましょう。

「レベル1の物質層」では「給料・報酬が低い」「予算がない」「利益・売上が伸びない」というお金の壁が現れます。お金を〝モノ〟として扱い「どうにかして稼がなきゃいけない」とか「損か得か」というふうに考えます。十分にあっても、たいていの人は「不十分」と思うため、ネガティブな周波数をお金にぶつけることになります。このため自分や周囲もネガティブに揺れてしまい、不満足な現象が起こりやすくなります。

「レベル2の素粒子層」は、先ほども話した「豊かだな」とか「ありがたいな」という観測によるものです。すると、周波数も「豊か」や「感謝」になるので、現象も「豊か」で

「ありがたい」と思える経済になってきます。お金の壁はかなり低くなる感じですね。

「レベル3のZPF層」は、「お金や経済のエネルギーがそもそも私」という感覚です。ちょっとイメージしづらいと思いますが、想像してみてください。

自分の中に〃経済〃というパイプがあり、その中は、あなたのエネルギーで満たされています。世界中から経済があなたの所属する会社に流れて、給料やボーナスとしてあなたに行き着きます。そしてあなたのエネルギーで満たされたパイプを通り、買い物代や遊び代、書籍代として世界中に流れていきます。

あなたのエネルギーが、ただ単に経済というパイプの中を満たしているだけです。世界からの経済がパイプを流れるときに、あなたのエネルギーを乗せて世界に流れていきます。

「もっと稼がなきゃ、頑張んなきゃ」という周波数のパイプを流れれば「お金の不足」が現象化します。「本当にありがたいな」という周波数のパイプを流れれば「豊かさ」が現象化します。

〃経済〃というパイプは、自分の中だけでなく、世界中にも流れていくので、「自分だけが儲かればいい」という周波数（振動）が広がっていくと、世界の経済は停滞します。

「愛・感謝」の振動で世界に流れていくと、世界の人々は豊かな気持ちになります。

お金があるとか、ＧＤＰが高まるとか、インフレとかデフレとか、それは単に〝現象化したお金〟でしかありません。本当の豊かさは、エネルギーが「愛・感謝」の振動で経済のパイプの中を回ることです。そうすれば、ひとりひとりが何千万円、何億円の大金を持たなくても、幸せでいられるのです。

以上のイメージは「きれいごとだ」と反論されるかもしれませんね（笑）。でもそれは「レベル１の物質層」の視座で見ているからです。物質側ではお金は〝モノ〟であり、限りがあるので「奪い合う」という発想になります。

しかし「レベル３のＺＰＦ層」の視座で見れば、お金は〝エネルギー〟なので、限りがなく、「与え合う」という発想になる。私はそんなふうに考えています。

経済の語源「経世済民」の意味を知るとお金が回り始める

そもそも「経済」という言葉の語源は「経世済民」です。「経」は経典の〝経〟で「たて糸」とか「正しい教え」といった意味です。「済」は「すむ」の他に「救済する」という意味もあります。つまり、**経世済民とは「正しいことで世の中をよりよくして、人々を救う」**ということ。これが**本当の意味での経済**です。

〝経済のパイプ〟をどのように振動させ、そこにどんなエネルギーを流すのか？

「自分を最高に生かしながら、人々が幸せになる、地球全体がよくなる」というエネルギーで存在していると、世界中の経済が、「地球全体がよくなる」というあなたのパイプに流れ込んできます。

仮に年収300万円だとして、仕事によって「自分を最高に生かし、人々の幸せを考え、地球全体がよくなる」と思えるなら、幸せですよね。「豊かなお金」です。

でも、仮に年収３０００万円でも、仕事が「自分を苦しめ、人々から幸せを奪い、地球全体に悪い影響を及ぼす」と思うなら、心は満ち足りません。お金や賞賛などを「もっとほしい」と思うようになるでしょう。「不満足なお金」になります。

〝豊か〟か〝不満足〟かは、額面ではないということです。

量子の世界では「足りない」「不満足」で場を揺らせば、いつも足りない現象をつくってしまうのは、自然のことです。「ありがたい」と感謝で場を揺らせば、いつも豊かだと思える現象がつくられるのも、また自然のことです。

例えば、おばあちゃんが孫に３０００円のお小遣いをあげます。このとき孫が「なんだ、３０００円かよ」と言ったら、おばあちゃんは悲しい気持ちになります。二度とくれないかもしれません。でも「ありがとう、大事に使うね」と言ったら、おばあちゃんは喜びます。「またあげよう」と思うでしょう。

これだって、小さいけど経済です。量子力学の世界では、**どう揺らしたか、**ということが大事なのです。

小さなことにも感謝を響かせると経済が感謝で返ってくる

小さな話ですが、私は次のような実践をしています。

1日用のコンタクトレンズを外す際に、「今日一日、美しい世界を見させてくれてありがとう」と、感謝を込めて合掌しながら捨てるようにしています。

講演会などに呼んでいただき、新幹線のチケットを購入するときには、券売機にクレジットカードを挿入して、8秒くらい待ちます。そのときには合掌しながら「こうやって経済が流れて、お客さまがセミナーに来てくださって、自分が楽に短時間に新幹線で移動できて、本当にありがたいわー」と、感謝を響かせます。お金に苦しんでいた時期がありますから、新幹線や飛行機で移動できるなんて、本当にありがたくて仕方ないのです。

「これを買うのは贅沢《ぜいたく》かな」と躊躇《ちゅうちょ》することも度々です。そんなときは「自分を生かすためにこのお金を使い、この商品を生かす。商品をつくってくれた方も喜ぶだろう」と思いながら買うようにしています。同じ買い物でも、意識の違いで、広がり方が違うのです。

くり返しになりますが、もう一度言わせてください。

不足を観測すると、不足が現象化します。

「お金が足りない」と観測し続ければ、お金が足りなくなるのは、当たり前です。量子の世界はそういう仕組みになっているからです。「絶対にお金は大丈夫」と口先で言っていても、心の中で不安に思っていれば、やはりお金が不足します。これも当然のことです。

お金の不安を払拭するには、「感謝」をし続けること。そして、常に「豊かさ」を観測し続けること。それを習慣にするのが最善策だと思っています。

昔から「金は天下の回りもの」と言います。「お金は人から人へ巡っていく」という意味で、「いまはお金がない人も心配するな。いつかは巡ってくるよ」という励ましも込められています。

この言葉は、量子力学的には正しいと言えます。そして、せっかくお金が人と人の間を回るなら、ZPF側の「愛・感謝」の周波数で回してほしいと思います。

ZPFは「すべてを生かそう」とする〝生命の根源側〟です。あなたを生かすエネルギーを、あなた自身がどのように使うか。使っているか？　お金の問題は、現象を通じて、あなた自身のエネルギーの在り方を映していると思うのです。

第7章

「ストレス・批判の壁」を消す

ストレス・批判の「階層」に気づくチェックシート

レベル1・物質層：批判・非難をされていると感じる。ストレスを感じる。
不平・不満を言うことや聞くことが多い。
よくないことが起こるのは周りのせいだと思う。
ネットなどに、つい批判的な書き込みをしてしまう。

レベル2・素粒子層：ストレスはメッセージと捉え、自分が周りを批判していることや
自分が自分にダメ出しをしていることに気づく。
噂話《うわさばなし》や悪口の多い所は敬遠し、居心地のよい場所で自分を保つ。

レベル3・ZPF層：ストレスはほぼ感じない。
自然界と同化する感覚で存在することを大切にしている。
「批判する人もかつての私」と捉えられ、ストレスが湧かない。
批判する人を否定するのではなく理解し、批判している人も生き
やすくなる。

「圧力がかかれば歪《ゆが》むのは当然」と思うのは間違い

仕事にストレスはつきもの、と多くの人が考えています。そして、さまざまな方法で〝ストレス解消〟を試みています。あなたの場合は、どんな方法でしょう？

お酒を飲む、愚痴を言う、カラオケで歌う、サウナで整う、スポーツを見る、自然に浸《ひた》る、音楽を聴く、おいしいものを食べる、踊る……挙げればキリがありません。

では、お聞きします。これらの方法で、ストレスは解消されますか？

おそらく、一時的には発散できますが、解消はされません。またストレスが溜《た》まってきて発散する、という人が多いかもしれませんね。私もそうでした。

でも、そのうちまったく解消できなくなりました。疲れが抜けず、人目が気になり外に出られなくなる。夜も眠れなくなり、気力が湧かず、感情がコントロールできなくなりました。うつ病です。

「このままじゃマズイ」と思いながら、悪い状況から抜け出せず、心と頭、体が動かなくなるのが、ストレスの怖さです。

ところで、ストレスって何でしょう？　じつは、そもそもは物理学上の言葉だったそうなのです。物体に外部から〝力〟を加えると歪みが生じます。このときに働く力を「応力」と言い、それを「ストレス」と言ったのです。

圧力がかかれば歪む――。物質世界では、これは当然の現象です。でも、量子の世界では、私たちはモワモワの雲ですから、本来ならば歪みようがありません。それなのにメンタルを病んでしまうのは、自分のフォトン振動数が〝辛《つら》い、苦しい〟だらけで、喜びフォトンが減り、エネルギーが下がるからなのです。

この章でも、ふたりの実例を示しながら、その仕組みに迫ってみたいと思います。

まずは、看護師の長井さおりさん（仮名）の話を紹介します。

case 7 息子と母の介護をひとりで背負い、心が壊れていく

…

自分で言うのもなんですが、看護師としては優秀だったと思います。オペ室に配属

されて、自分の基盤もつくりました。結婚して妊娠。ここまでは私が描いた人生設計どおりでした。ところが、生まれてきた男の子は、最重度の脳障害を背負っていたんです。1時間ごとに痙攣《けいれん》を起こし、2時間ごとに痰《たん》を吸引する生活。看護師の仕事は辞めました。残念でしたが、我が子の命はやはり愛《いと》おしく、家庭でのケアを最優先しました。幸いなことに2人目、3人目の子は元気に生まれてくれました。

そんなときに、私を支えてくれていた母が、若年性認知症を発症したんです。まだ50代半ばでした。いつも颯爽《さっそう》として、美しくて明るくて、料理も得意で、憧れの母親でした。長男は寝たきりで、正直辛かったんですけど、なんとか受け入れてきました。2人目、3人目を産もうと決意したのも母の存在があったからです。でも、その母が認知症になった。ショックなのはもちろんですが、寄りかかっていた支柱が外れたようで孤独を感じました。まだ若い母の人格が崩れていくのは、表現し難い感情です。

主人も、父も、看病は私に丸投げです。「おまえが看護師でよかった」と信頼してくれていたのでしょうが、長男と母の介護、子育ては私が一身に背負います。最初は使命感でやっていましたが、24時間、365日、それが何年も続くと、感情を抑えきれず爆発することもあります。ストレスを発散するつもりではありませんが、次女に対し、虐待に近いこともしました。そんな弱い自分を許せなくて、余計に落ち込む。なのに、支えてくれていた母は、日に日に壊れていく。どうしていいかわからない状態でした。

愛しいはずの長男にも「なんで生まれてきたの。早く死んでくれたらいいのに」と思ってしまう。それでまた自分を責めるんですね。母に対しては見るのも辛くなり「母はもう死んだのだ。目の前にいるこの女性は他人だ」と思うことにしました。そうやって心を止めるしかなかったんです。

次女も大変だったと思います。学校では長男のことでいじめられ、家ではおばあちゃんが壊れていく、私からは厳しく当たられる。歪むのも無理はありません。不登校になり、ついには昼夜逆転の生活で、夜な夜な遊び歩くようになりました。

街まで追いかけたこともあります。でも追いつけない。足がすくむんです。私のせいで娘が歪んだのはわかっていても、現実の姿を見るのが怖かったんだと思います。

あるとき、娘からはこう言われました。

「あんたを見ていて思うけど、頑張って、どんないいことがあるの？　そもそも私は産んでくれなんて頼んでないんだよ。あんたの価値観を押し付けないで！」

心が通い合っていないのはわかっていましたが、「産んでほしくなかった」と言われたのはショックでした。幸せを感じること、生きる喜び、明日への希望などを、まったく感じさせてあげられなかったことに、強い責任を感じたのです。死のうかな、と思いました。

「自分ほめ」と「感謝行」で自分を認められるようになった──case7の続き

長井さんの話は、ストレスという言葉ではくくれないほど壮絶です。そんなときに、偶然、私の本を読み、セミナーに参加してくださったのでした。

私は例によって、「自分の周波数が現象をつくる」という量子力学の話をしました。そして、自分を許すこと、愛すること、素粒子もZPFも、あなたを生かそうとする〝愛の周波数〟だと話したのです。

以来、長井さんにどんな変化が起こったのか？　再びご本人に語っていただきます。

村松さんからは、大変なご苦労をされましたね、よく頑張りましたね、と言ってもらい、ワーッと子供のように泣いてしまいました。自分を許してあげましょうとも言われ、「自分ほめ」や「感謝行」を勧められました。それで毎日、書くようになったんです。

最初は、書けませんでした。頑張って「今日、私は笑うことができた。笑顔ができた私ってすごい」と書こうとすると、頭の中に次女が出てきて「全然すごくねえよ」と否定します。感謝行で「今日、車が私の横を猛スピードで通り過ぎた。でもうまく避けてくれたおかげで助かった。運転手さんも今後は安全運転をするはずだ。だからありがとう」と書こうとしても、娘が頭に出てきて「そのまま轢《ひ》かれて死ねばよかったんだよ」と言います。なので、なかなか書けないんです（笑）。

それでもなんとなく続けているうちに、少しずつ書けるようになってきました。「自分なんてほめられるところのない最低の母親だ」と思っていたのですが、日々、自分のほめるところを見つけて〝否定している自分〟と分離する。そしてあらゆることに感謝する。すると2か月目くらいから「それだけいろんなことが重なって、ひとりで抱えてたら、本当に大変だったよね。悲しかったよね。辛かったよね。肉体的にも精神的にも本当によく頑張ったよね」と自分に言えるようになってきたのです。

そこから、少しずつ、現象が変わっていったんです。

まずは、娘に送ったLINEに〝既読〟がつくようになりました。うれしいので、何かある度に「愛・感謝」を乗せて送るんですね。「昨日カギ閉めてくれたんだね。ありがとうね」とか、ささいなことです。すると〝り〟（了解の「り」）と返事が来る。

こんなふうにして、少しずつほぐれていったんです。

信じられませんが、いまでは大の仲良し親子です。母は他界し、長男は施設に入っています。1年半ほどで私の状況はすべて急激に変わりました。細かく書くと、本1冊になりそうなので、やめておきますね（笑）。幸せというか、毎日が明るいです。

絶対じゃない命と絶対じゃない現象をどう揺らすか？

長井さんの場合も〝自己否定の周波数〟を変えたら、現象が変わり始めました。娘さんからの批判もそうですが、長井さんの人生全体が否定されるように、さまざまな壁が現れていた。でも、それを変えたら一気に好転した。ということは、やはり、批判の周波数が招いた現象なのだと思います。長井さんは、こんなことも語ってくれました。

当時は長男のこと、母のこと、娘のこと、さまざまなことが重なって、私は神様なんていないと思い、憎みさえしました。ご先祖様に手を合わせることさえしなかった。最近わかったんです。当時の私は〝健康を前提にした人の幸せ〟を追い求めたくて、看護師の道を選んだのだ、と。物質的な価値観だけで人間を見て、幸せをはかっていたんですね。でもそれは間違いだと、息子の存在や母の病気が教えてくれたのだと思っています。物質的な物差しだけで生きると、人間は生きづらくなるし、行き詰まるよ、と。

長男の障害も母の若年性認知症も、西洋医学ではどうにもできない。物質世界では手の届かないことがいろいろあります。病気だけでなく、人の死もそうです。若くして病気になったり、不慮の事故で不条理な死を遂げる人もいます。それを防ぐことはできません。

当事者や家族は悲しいし、不幸と思ったりするんですけど……、その気持ちはよくわかるんですけど、そもそも命って小さな素粒子の集まりで絶対じゃないんです。私たちは、そんな絶対じゃない命、絶対じゃない現象を受け取って生きているんです。それをどういうふうに受け取るのか？　どういうふうに揺らしていくのか？　それは、その人次第なんだなって、気づきました。

先のことはわかりません。でも、いま、この一瞬を一生懸命に揺らし、一瞬一瞬を揺らし続けることが未来になる。そんな思いで、長男や母や娘が教えてくれたことに感謝して、私にできる、私がしたい、私にしかできないことをしようと思います。

長井さんの話は、体験者にしかわからない重みと、自ら壁を消した後の軽やかさがありました。〝絶対じゃない現象〟を受け取ったうえで「一瞬、一瞬をどのように揺らすのか？」という問いかけも、とても深い気づきをもたらしてくれるものだと思います。

もうひとり、中田一茂さん（仮名）の例も紹介しましょう。中田さんも、会社の中で批判の嵐にさらされ、大変な思いをされた方です。いまは平穏な日々を取り戻しましたが、どんな気づきと行動を経て現在に至ったのか、ご自身に語っていただきます。

case 8

「他人を蹴落としても上に」という毎日からの転落と再生

世間に名が知られる会社で取締役のポジションをいただきました。40歳のときに転職して7年間でその地位に。地位も年収も思いっきり意識して、他人を蹴落としてでも上に行こうと。偉くならなきゃ存在価値がないって思ってました。いわゆる嫌な奴《やつ》です（笑）。その分、常に自分には厳しくしていました。自分が認められず、徹底して自分を管理。仮にミスをしようものなら徹底的に自分を責めました。とにかく甘い自分を許せないんです。

他人と自分を比べ「もっと頑張れ」「絶対に負けるな」「上を目指せ」というマインドで仕事と自分自身に向き合っていました。でも結局は派閥争いのようなものに敗れ、ハシゴを外された感じで、責任を取る羽目になったのです。会議で連日責められ、どんどん萎縮する。役職も外されて、やることもない。会社に行くのが怖い。やる気も起きない。朝も起きられない。病院に行くと、うつ病だと言われました。

失意の日々に、偶然、村松さんの量子力学の本を読んだんです。「自分の発振するものが現象化する」と書かれていました。「ああ、これだ」と思いました。私は常々〝他人を蹴落とす〟と思ってきたので、その周波数が跳ね返ってきたんだ、と。

妻や子供との関係もかなり悪かったのに、それさえも仕事の邪魔だと思っていました。正月から妻と言い争い、彼女が台所で泣きわめいても、私はイラつくだけ。

会社を放り出され、頼れるのは家族だけという状態になって、初めて家族は遠いことに気づきました。私が発する〝ミスを許さない緊張の周波数〟が、家庭内でも跳ね返ってきていたんです。

孤独でした。どうすることもできない。周波数を変えよう。どう変えたらいいのか？ すがる思いで、開華に駆け込んだのです。村松さんの言葉が沁《し》みましたね。

受講中、私がひれ伏して号泣したことがありました。そのとき、村松さんがずっと寄り添ってくれていたんです。泣き止《や》むと私は「必ず這《は》い上がります」と言いました。無意識に出た言葉です。すると村松さんは優しい声で「這い上がらなくたっていいよ！ カズちゃんはそのままでいいんだよ！」と言ってくださったんです。

「あ〜、俺は這い上がらなくていいのか。このままでいいんだ」と思ったら、すごく楽になりました。救われた思いがしました。

そこからは「もっと上に」ではなく、弱さも含め「自分を認める」ようにしたんです。具体的には、「自分ほめ」と「感謝行」を毎日行いました。このワークを通じて「自分の良いところ」や「本当の自分」を見つけられるようになりました。

かつての私は「優しい」とか「身の丈で生きる」という言葉が大嫌いでした。「中田さんって優しそう」と言われるとバカにされた気分になっていました。「優しい＝弱い」「身の丈で生きる＝その程度の人間」と言われたように感じていたんです。強いオーラを発せられる人になりたいと思っていました。でもいまは「優しい」と言われると、本来の自分を見てくれているんだ、自分は優しい人間なんだと素直に受け入れられるようになりました。

自我に執着しない本来の美しい心に気づく――case8の続き

中田さんは、自分が発振する周波数に気づき、それを直したんですね。本来の自分の素晴らしさにも気づきました。そこに至るまで、具体的にどんな実践があったのか？　再びご自身の言葉で語っていただきます。

••

常に勝ち負けを意識する環境で育つ中で、さまざまなものに執着するようになりました。「もっと！　もっと！」と現状に満足できない世界の中で生きていたのだと思います。

でも立ち止まって考えると、毎朝目が覚めること、おいしいご飯が食べられること、仕事があること、家族がいること、どれも当たり前ではないんだと思いました。

私もそうでしたが、世間の多くの人は、いろんな執着を持ち、必死で努力していいます。常に勝ち負けを意識させられる世界の中で生きています。でも、世界はそれだけじゃないんです。「いま生きている」ということがどれだけ素晴らしいか！　自我に執着しない「自分本来の心」がどれだけ美しいか！　そういう世界があることを知ったのです。

目の前の物質や現象は、あくまでも結果です。見えない世界で、自分が振動した結果、できたものです。自分が普段から常に良い周波数を発振し続ければ、その通りの物質化や現象化が起こります。

良い周波数を常に発振し続けるにはどうしたらいいか？　いろいろ試しましたが、いちばんいいのは、無理のない範囲で、良い習慣をできるだけ多く実践することだと思います。すると自分が整う気がするんです。また、執着しないことも大事です。いまでもストレスもあるし、批判もありますよ。バラ色な毎日ではありません（笑）。でも、例えばダメ出しされても、反省すべきところは修正し、淡々と日々を過ごす。すると、良い周波数を保持しながら、ストレスや批判も含め、いろんな出来事に柔軟に対処できる。私自身、少しずつですけど、そうなってきていると思っています。

周波数を整える小さな実践

ちなみに、中田さんが言う「無理がない範囲での良い習慣」とは何か？　それを挙げてもらいましたが、あまりにも多くて驚きました。念のため、紹介しておきます。

・まずは自宅での禁酒から始めました
・以下は毎朝、実践していることです
目覚めと同時に自分祝詞を唱える／自分の夢・目標を唱える／君が代を斉唱する／座禅を組む／ベランダに出て空に向かってお祈りする／
財布の中のお金を1枚ずつ出して経済に感謝する／
リビング、台所、廊下、玄関戸、たたきの拭き掃除／トイレ掃除／お風呂掃除／一行日記（主に前日の反省）／
・日中、その場で「自分ほめ」と「感謝行」（書かずに、思ったり、口にしたりする）
・夜、布団に入り、今日一日に感謝します

すごいですね。これらを全部こなすのに、毎朝4時に起床するそうです。
中田さんは、さらにこんなふうに言っています。

自分も整うし、家も良い周波数に包まれます。いつも綺麗《きれい》だし気持ちいい。家内の負担も軽くできる。良いことずくめです。もちろん、寝坊してまったくできないこともあります。でも、すでに1年近く続いております。これらのことをコツコツと続けていくことで良い周波数が発振できるものと信じて、今日も続けています。

……………………

いかがでしょうか？　私はここまで徹底していませんし、すごいことだと思います。自分の周波数を整えるための実践なので、「これをしないといけない」というものではありません。あくまでも参考として書いたまでです。

「自分を整える」と言えば、お風呂に入ったときに「あ〜〜気持ちいい」とか、お布団に入ったときに「あ〜〜気持ちいい」と、声に出して言うのも、とてもいいと思います。緑を見て「きれいだな〜」、夕日を見て「きれいだな〜」、ご飯を食べて「おいしいな〜」と、心が躍ったら口にしてみるのもお勧めです。心で思うだけのときよりも、自分の声が響いて、より周波数が整うような気がします。

反対に、周波数が乱れる行為もあります。例えば、悪口や噂話の輪に入る。いわゆるマカフェで、つい「うちのおばあちゃんなんてさ」と批判をしてしまう（笑）。すると、その場は周波数が批判Hzで揺れるので、言っても聞いても、その波を受けてしまいます。「ネット上の書き込み」なども気をつけたほうがいいです。つい悪口を書いたり、同調したりしがちですが、それは場の波をバチャバチャと揺らしているようなものです。なので、そういうグループには入らないほうがいいかもしれませんね。

ストレス・批判に対し、視座をレベル1からレベル2へ移す

長井さんや中田さんの例を紹介しましたが、十分に深い話を聞けたので、また私の出番がなくなったような気がします（笑）。

ストレス・批判の壁に対する「レベル1の物質層」から「レベル3のZPF層」までの視座を示しておきましょう。

「レベル1の物質層」は〝ストレスがあるのが当たり前〟という世界です。誰かを批判したり、誰かから批判されたりします。また「私なんてダメだ」と自分を否定したり、批判

したり、責めたりします。

よく「きれいですね」とか「すごいですね」とほめても、「いいえ、私なんて全然」と謙遜する人がいます。心の中で「私はきれい」とか「私は素晴らしい」と思っているならよいのですが、本当に「きれいじゃない」「すごくない」と否定しているなら、その謙遜癖はやめたほうがいいと思います。自己否定の周波数で場を揺らしてしまうからです。その結果、自分を否定する現象、ストレスフルな現象が起きてしまいます。

「すごいですね」とほめてもらったとき、おたがいにいい返事は「ありがとうございます」です。ほめた側もお礼を言われたし、言われた側も感謝で受け取っています。

「レベル2の素粒子層」に視座を移すと〝私が誰かを批判していた〟ということに気づきます。すると、意外なことに気づき始めます。例えば、親を批判していた、愛しているはずの妻を批判していた、躾《しつけ》をしているつもりで我が子を批判していた、社会を批判していた、会社を批判していた、出来事を常に批判の目で見ていた……などです。

いちばん気づきにくいのが、自己批判です。

例えば、親への批判が消え、感謝に変わった。家族に対する批判が消え、感謝に変わった。なのに、なぜか周りから自分への批判が止まらない、ということがあります。そんなときは、たいてい自己批判をしていることに気づいていません。「このままじゃダメだから、もっと頑張らなきゃ」と自分を否定していたりするのです。

他にも「自分を認めない」「自分はどうなってもいい」「自分が嫌い」「〇〇であらねばならない」などと考えるのも、自己否定のひとつです。

自分を許すようになると、批判の壁はスルッと消えていきます。「オレ、今日はよく頑張った。大ちゃん（自分の名前）、よく頑張ったからビールで乾杯だ。ありがとう！」と、自分をほめ、感謝してあげるのも、とてもいいと思います。

誰かにしてもらいたいことを自分にしてあげる。「自分を大切にする」「自分に優しくする」と心がけると、その場が〝大切にする周波数〟で揺れます。すると、自分の現象だけでなく、家族や職場の人の現象も一挙によくなったりします。

また〝批判の周波数〟に気づくと、「おかげで批判をやめることができた」と、批判に対して感謝できるようになります。批判すら財産に変えられるのです。こうなるとストレス・批判の壁は消えてしまうでしょう。

視座をレベル３へ移すとノンストレスの世界になる

「レベル３のＺＰＦ層」は視座を移すというより、穏やかな世界に入る、という感覚です。例えば、大自然の中に行っても、「山がきれいだな」と私と山を分けるのではなく、「この美しさがそもそも私なんだ。この自然のエネルギーが私本来のものなんだ」と溶け合える感じがします。その状態になれば、ストレスなどは感じないと思います。

あなたの中の〝批判の周波数〟が消えると、家庭でも職場でも、場がＺＰＦ本来の「自分を生かす〝愛・感謝〟の周波数」で響きます。すると、その場にいる人全員が、幸せで穏やかで心地よくなるのです。

神社でお参りするときや、大自然の中にいるときに感じる心地よさ。それは、その場のそもそもの周波数が「愛・感謝」で揺れているからです。

もしその周波数で自分を揺らしたいなら、実際に神社や大自然などの周波数が整った場に身を置いてみるといいと思います。そして究極は「この神社や大自然のエネルギーが本当の私」として、そこと一体化します。日常に戻ってもあなたがその神社での響きに浸《ひた》っているんです。

レストランでおいしい料理を食べると、その味を家で再現したくなりますよね。それと同じことです。週末の休みに心地よい場でリラックスして、リフレッシュした周波数のまま、職場で響かせる。その周波数で仕事を進めていく。それができたら最高です。周りの人も、あなたとともにいると、神社にいるような感覚になります。

レベル3の〝**ストレスのない**〟**周波数の人だらけになったら、地球は本当に平和に近づく**でしょう。批判、攻撃がなくなれば、戦争も起こらなくなります。ストレスがなければ、病気も減るかもしれませんね。

とにかく、自己批判を含め、批判の周波数から始まる負の連鎖は多いと思います。それを断ち切るには、自らが発振する〝批判の周波数〟に気づくことです。そして、自分の周波数が批判で揺れぬように整える。

それによって自分がどう変わるか、現象がどう変わるか、周囲の人がどう変わるか。まずは、実践してみてほしいと思います。その結果に驚くはずです。

「自分ほめ」と「感謝行」の勧め

この章の最後に、体験者の言葉に何度も出てきた「自分ほめ」と「感謝行」についても話しておきます。詳しくは前著『「量子力学的」実践術』に記しましたが、初めての方に実践していただけるよう、ポイントを説明します。

●「自分ほめ」——遠慮せず、自分をただただほめればいい

「自分ほめ」に〝決まり〟はありません。ただただ、自分をほめるだけ。〝ささいなこと〟でかまいません。いつもやっている当たり前のことでもOKです。それをノートやスマホのメモなどに書き出します。例えば、こんな感じ。

・朝、起きれた私、えらいよね
・食器を流し台まで運んだ私、すごいよね

・服を洗濯機に入れた私、よくやったね

「え！　そんなことほめていいの？」と思うかもしれませんが、それでいいんです。というか、それがいいんです。〝そんなこと〟をできること自体がすごいのです。

自分ほめのコツは3つ。「何をした」「主語」「ほめ言葉」を入れることです。気取る必要はありません。自分のふだんの言葉づかいで、話すように書くのがいちばんです。

●「感謝行」——よかったことでも悪かったことでもOK

「感謝行」は〝おかげで記録〟とも言います。

感謝行も、書き方に決まりはありません。1日の行動を振り返り「おかげで○○になった」とか「おかげで○○ができた」と書くだけです。ノートでもスマホでもOK。夜や朝など決まった時間ではなく、通勤や通学などのスキマ時間にサササッと書くのもいいですね。

1日の出来事には、「やった！」とか「うれしい！」と思うこともあるし、「嫌だな〜」とか「やっちまった〜」と思うこともありますよね。どちらかを選ぶ必要はありません。行動をありのままに書きながら、そこに〝おかげで〟を振りかけます。

・あまり話さない山田君と話ができた。おかげで、彼のことが少しわかった
・帰りの電車でおばあさんに席を譲ったら感謝された。おかげで、うれしくなった
・帰宅後、妻に「ＬＩＮＥしなくてごめん」と謝れた。おかげで、嫌な気持ちを引きずらないで済んだ。妻よ、ごめん。許してくれてありがとう

このように、よかったことも、悪かったことも、素直に書いてみましょう。最初は「おかげで」をうまく振りかけられないかもしれませんが、やっているうちに、スムーズにできるようになります。

今日の出来事だけでなく、過去のことを書くのもよいことです。

「お母さんにいつも『あんたはダメね』と言われていたせいで、私は自分に自信が持てなかった。でも、おかげで、人より努力ができた。だから、結果的に感謝です」

このように、「せいで」を「おかげで」に昇華できるようになると、あなたの周波数はかなり高くなっていると言えます。

エピローグ

壁を消す「祈り」

祈りの「階層」に気づくチェックシート

レベル1・物質層：祈ってもムダだ、祈りはあやしいと思っている。
物質的に恵まれるよう祈る。
形式的に祈る。

レベル2・素粒子層：見えないご縁に、日々感謝したい気持ちで祈る。
自分を含め、世の中がよりよくなり、幸せになるために祈る。

レベル3・ZPF層：自分が宇宙大生命の愛そのものであり、「愛からすべてをいま創造している」という感覚に浸《ひた》る。
ただただ静寂の境地に浸り、肉体感覚が消えて全体と調和している。

祈りの視座をレベル1からレベル2に移す

ずっとお話をしていたいのですが、本には限りがあります。どんな商品も物質世界に出るものなので、仕方がありません。ですが、この本に書いたことは、ページ数以上に広がっていくものと思っています。一文字一文字に深い祈りを込めて書きました。

「祈りはまやかし」とか「祈っても仕方がない。無意味だ」などと言う人がいます。日本人は無宗教だと言われますが、お正月の初詣には、たくさんの人が参拝します。

ありがたいことに先日、私は講演会で三重県にお招きいただきました。せっかくなので伊勢神宮をお参りすると、平日にもかかわらず大勢のご参拝者がいらっしゃいました。

「ああ、みなさんこうやって神聖なエネルギーに触れに来られるのか。すごいな」と思いました。おそらく多くの人は、祈りの場で、静かなエネルギーを感じに来られると思うのです。無意識のうちに、神聖な周波数に触れることで、自身の周波数を整えていく。その心地よさを知っているから、多くの人は折に触れ、神聖な地に足を運ぶのだと思います。

エピローグでは、祈りを「レベル1の物質層」「レベル2の素粒子層」「レベル3のZPF層」で見ると、どうなるか。それぞれのレベルで考えてみましょう。

まずは「レベル1の物質層」です。先ほど話した「祈りはまやかし」とか「祈っても仕方がない。無意味だ」という見方は「レベル1の物質層」の視座です。あるいは「うちの会社が周りを排除してもどんどん展開しますように」というのも物質側でしょう。〃どんどん展開〃というのが周波数の結果というなら「レベル2の素粒子層」の視座とも言えますが、〃周りを排除して〃というのは物欲であり、物質側からの祈りとなります。

そのような祈り方がよくない、と言いたいのではありません。ただ〃自分さえよければ〃という周波数を乗せて祈ると、「自分さえよければ」という人が集まってきて、その人たちに排除される、という現象が引き起こされやすくなります。そこは注意が必要でしょう。

「レベル2の素粒子層」では、見えない量子の世界、素粒子側のつながりを大事にします。

自分の周波数を整えて、見えないご縁とつながったり、なんらかのご利益を期待したりすることは、とてもよいことです。そもそもは、見えない素粒子、見えないエネルギーが物質をつくり、現象を引き起こすので、根源側に意識を向けることは、理にかなっています。

レベル3の「ZPF層」の祈りとは？

「レベル3のZPF層」の祈りは、〃宇宙全体が自分〃〃地球全体が自分〃という側のものです。「ZPF側からもらい受けたエネルギーを会社に通し、私たちの得意分野である車のモーターをつくります」とか「お客さまが旅行を通じて幸せになれるようサービスを提供します」などと祈ります。

あなたや会社は、あくまでもZPFからエネルギーを受ける側、通す側です。ようはボックスのようなものです。そのボックスを「みなさんのお役立ちになれるように」「みなさんに幸せが広がるように」「平和につながるように」という周波数で揺らす。このように場をいい振動で揺らす行為が、ZPF側での祈りです。

物質側からZPF側に祈りを入れるのではなく、ZPF側から物質側に祈りを入れるようなイメージですね。あなたや会社が神に祈るのではなく、神の側からあなたや会社にエネルギーが注がれるよう手引きするわけです。

第3章で紹介した原田幸多さんは、日々の祈りの中で、これを実践されているそうです。例えば、神社に参拝するときは、賽銭箱《さいせんばこ》や鈴が提げられた拝殿の前に肉体を置き、本殿側に自分の意識を置いて、本殿の神様たる自分が肉体の自分に「今日もよろしくお願いします」という感じで祈ると言っています。つまり、本殿側（神様側）のエネルギーになりきり、肉体としての自分を見ているわけですね。

視座を深めた祈り方と言えますが、これはみなさんも普通にやっていることかもしれません。例えば、赤ちゃんの頭をなでながら「幸せになってね」と願う。あるいは、自社の製品に「使った人が幸せになりますように」という思いを乗せてつくる。これも「レベル3のZPF層」での祈りと言えるのです。

仕事はそのままご神事（神様事）になる

ＺＰＦ側は、言い方を変えれば「神様側」です。例えば、精密機器の部品をつくる会社も、野菜を栽培する農家の人も、家で食事をつくる人も、この部品が、この野菜が、この料理が、ＺＰＦ側からの周波数のまま、純粋に相手に届けられれば、それは〃神様事〃と言えます。つまり、仕事は、それ自体がご神事なのです。

仕事と聞くと「嫌なもの」「大変なもの」「お金を稼ぐためのもの」と思うでしょう。物質側の物差しで、そのように見ることが習慣となっているからです。

ところが、仕事を〃ご神事〃と捉えると、まったく別物になってくると思いませんか？「自分のした仕事で誰かが幸せになるように。その幸せが広がっていくように」という願いが湧いてくるでしょう。そのような祈りを込めてする仕事は、間違いなくご神事です。

私も、そのような祈りを込めて仕事をしています。例えば、今回も「本を出版することによって、読んでくださった人たちが、どんどん本当の気づきに入っていく。私はその大事な神様事を任せていただいている。だから、一言一句を丁寧に、わかりやすく、ZPF側のエネルギーがそのまま伝わる文章を書いていこう」という思いで書いています。

「うちだけ儲《もう》かればいい」などと意図すると、神様事の周波数からは外れるので、流れが止まってしまいます。また「周りを蹴落として自分だけがうまくいく」という意識でいると、その周波数と呼応するので、ライバル同士で「お前が落ちろ」というパラレルに入ってしまいます。

「祈り」というのは、単に自分の願いを込めるものではありません。**どんなエネルギーを乗せるか、**ということが何よりも大事なのです。

case 9 他者を生かし、自分を生かすために

「仕事はご神事」ということを、実践されている人がいます。看護師の天田美鈴さんです。

天田さんは病院の夜勤をしながら双子のお子さんを育てていましたが、頑張りすぎたこともあり、想定外にバーンアウトしてしまいました。心身の不調があり、夜勤を月に10回こ

なしながら勤務することに疲れ果てていました。急性期病院ですが、病院もスタッフも大好きで、定年まで働きたかったそうです。やむを得ず病院を辞め、この先どう生きていったらいいのかわからない状態のときに、私と出会います。

天田さんと私は、同じ年齢ということもあり、いろいろな話をしました。天田さんは、母親との関係がうまくいかなかったこと、寄り添うことが行き過ぎて自己犠牲になっていたこと、自己否定や思考を変えたいことなどを、素直に話してくださいました。私は「天田さんもご自身の本来の素晴らしさを輝かせることができますよ」と話しました。

最初は泣いてばかりいた天田さんも、徐々に変わっていきます。「すべての現象は自分が発振する周波数に原因がある」ということを心の底から理解でき「私は私を生かします」という祈りの段階に入っていったのです。現在は、看護師が相談、情報共有をできるオンラインコミュニティーや、看護師が自分らしく勤務できる会社を設立し、成功させています。天田さんご自身に話していただきます。

………

人生100年時代、70代まで看護師として働けるようにと、看護連盟でも言われています。でも、看護師が現役で病院の中で働き続けるのは、精神的にも肉体的にも限度があります。だったら「自分らしくフリーで働けるような組織」をつくってしまおうと思いました。その1つ目の組織は、全国のナースがつながれるコミュニティー、2つ目は地元密着型の訪問看護ステーションです。

訪問看護は患者さんのご自宅に向かいます。病院よりも個別性に合わせて、住み慣れたご自宅でその人らしい人生の終末期を過ごすことができます。がん末期の患者さんや認知機能が低下された方、生まれつきご病気のある赤ちゃんなどが対象です。

看護師は看護教育の中で「寄り添い」を重んじています。でもそれが行きすぎて、自己犠牲の上に仕事をしている人が多いのです。かつての私がそうで、押しつぶされちゃったわけですね。そうではなく、患者さんを生かし、家族も幸せで、自分も生かすのが本当の看護だと思うんです。幸いにも、賛同してくださる看護師さんが集まってくださいました。患者さんも口コミでどんどん広がります。「最後の砦《とりで》」と言われることも多く、お願いしたいという患者さんが後を絶ちません。本当にありがたいことです。

ある患者さんのご家族からは「看取《みと》り」をお願いされました。医師からは余命宣告をされていました。訪問すると、すでに昏睡《こんすい》状態で意識はありません。ご家族にお話を聞くと、意識がなくなる2日前に「あと5、6年は生きたい」とおっしゃったそうです。私はスタッフに「昏睡前に言った言葉は◯◯さんの本心だよね。奇跡は起こります。みんなで祈りましょう」と話しました。ご家族には「医師と私たちでできる限りのことはやりますので任せてくださいね」と伝え、祈ったのです。

「大丈夫ですよ。◯◯さんありがとうございます」と心の中で祈り、細胞のひとつひとつにエネルギーが伝わることをイメージしながら看護ケアを行いました。すると数日後、本当に奇跡が起きたんです。酸素マスクが外れ、普通に歩き、いつも通りにお話ができる状態に。お薬が合ったのでしょうが、つい数日前には、医師から「もってもあと1か月」と言われていたのです。それが、1か月も経《た》たないうちに、ご夫婦でグランドゴルフの大会に出場するまでに回復されたのです。その後10か月以上が経過しましたが、何事もなかったように、畑仕事もされています。80代の男性です。

もちろん偶然かもしれません。祈りが通じたとは実証できません。でも、こういうことが本当にあるんです。看護は寄り添いが大切ですが、どこに寄り添うかですよね。

医療に寄り添うのか、命に寄り添うのか、命を輝かせる根源側や素粒子側に寄り添うのか。私たちは、命の素の輝き側に寄り添うことをしています。

「この命が輝きますように。私たちの存在や職業が生かせますように」と。

私は「看護はご神事」だと思っています。スタッフも同じ思いです。

「訪問看護は、患者さんのご自宅でエネルギーとエネルギーが出会っている。家族の思いや、ご先祖様同士もそこでつながっている。家族と一緒に過ごしたい、元気でいたい、長生きしたいという思いに、私たちは愛と尊厳をもって寄り添い、訪問する。お家に足を入れさせてもらえることは、この仕事が神様事だから。そのくらい、尊いお役目をさせていただいているので、感謝をして訪問しましょう」と。

スタッフは「ここで働くのが楽しい。大好きな看護が思いっきりできる」と言ってくれています。そういう仲間に恵まれたことも本当にありがたいです。

祈りは物質を動かす力を持っている科学的実験

次はちょっと別の角度から、祈りについて話をしてみます。

乱数発生器という機械が、世界中に１００個ほど設置されているそうです。詳しい説明は省きますが、量子を利用して空間中の電子的な雑音を0と1の数字に変換する装置です。通常は「0」と「1」の出る確率が半々くらいで、平均すると「0・5」の中央値になります。ところが、世界的に大きな事件やイベントがあると、その確率がどちらかに偏ることがわかりました。とくに偏りが大きかったのは、２００1年に起きた「9・11アメリカ同時多発テロ」のときです。世界中の乱数発生器の数値が、中央値から大きく外れ、「1」ばかりが出るようになったそうなのです。

これは意識が物質（機械）に影響を与えたということを示しています。世界中の人が「やばい！」と思うと、その意識で全世界が揺れる、という言い方ができるのです。

じつは、この乱数発生器が、祈りにも反応した例があります。２００7年に「世界で祈りましょう」というイベントが行われたときのことです。およそ１００万人が「同じ時間に、世界各地で一斉に祈る」という試みです。

どうなったと思いますか？　そう！　見事に数値がズレたのです。

祈りが物質（機械）に影響を与えたということを示しています。祈りが世界にどんな変化をもたらしたのかはわかりません。しかし、人の意識で現象がズレるということは、実証されたわけです。

ここからは私の考えです。例えば、大きな地震の後、私たちは「やばい、どうしよう。こっちに地震が来たら大変だ」などと想像します。すると、その周波数で地球を振動させることになります。

「やばい、どうしよう」と思ってしまうのは仕方ありません。でも、その後に「ご安全でありますように。ご無事でありますように」という祈りの周波数を響かせてあげたらいいと思うのです。

すると「安全」「無事」の周波数で揺れるので、地球も優しくなる。多くの人が祈れば、それだけ大きなエネルギーで地球を揺らすことになります。

自分の存在に感謝するのも祈りです

勉強会や講演では、「どんなふうに祈ったらいいのですか?」と、よく質問されます。おひとりずつ、祈りの事情や対象は違うので、一概に「こうしたらいい」とは言えませんが、私は、次のような祈りの言葉も唱えています。これは「経済の祈り」で、私が日々行っている祈りの中のひとつです。

「開華は純粋なボックスゆえに
そこに世界中からの経済が流れ込み
世界中へと流れていくことで
世界中の経済がますます純粋になっていきます。
ありがとうございます。ありがとうございます。ありがとうございます」

前にもお伝えしたように、私は新幹線の券売機の前で手を合わせることもありますし、お風呂の湯船に耳まで浸《つ》かりながら「あ〜り〜が〜と〜お〜」と響かせたりもします。毎朝欠かさずやっている「写経」も祈りですよね。般若心経を書いた後、最後に「村松大輔の存在に感謝します」と書きます。

この「自分の存在に感謝します」というのは、みなさんにもお勧めです。

自分に感謝するというと、ちょっと偉そうに聞こえるかもしれませんが、これは「親やご先祖様に感謝する」のと同様に、自分自身にも感謝するということです。

「今日まで生かしてくれて、ありがとう。心臓さん動いてくれてありがとう、血管さん丈夫でいてくれてありがとう、胃腸さん食べ物を消化してくれてありがとう」と。生まれて、生きていること自体が奇跡なのです。

そう思うと、自然に、自分にも手を合わせたくなってきませんか。

どのように祈るのか、どこで祈るのか

祈るときは、「溶ける感じ」に浸るようにしています。伊勢神宮や比叡山延暦寺の根本中堂にお参りしたときに〝溶ける感覚〟を感じていて、その状態を思い出しながら祈っています。そうやっていると、そのときと同じ周波数でいられる感じがするのです。

毎日やっているので、すぐに入れます。学生時代の部活動と同じで、日々の練習を続けていると上手になるように、祈りも毎日やると上手になると思います。

お風呂に入ったときや布団に入ったときに「気持ちいい〜」と声に出すとお伝えしましたね。それは〝溶ける感じ〟を心身に覚えさせる、という意図もあるからです。

どこで祈るのか？　という質問もよく受けます。

これに関しては、「自分がいちばん馴染《なじ》む所がいいですよ」とお答えしています。

お寺でも神社でも、キリスト教の教会でも、イスラム寺院でもいいです。ご自宅の仏壇の前でも、神棚の前でも、リビングでも、仕事部屋でもいいです。自分のいちばん馴染む所、心が落ち着く場所で祈るのがいいと思います。

アインシュタイン博士は、直感をもらう場所を「自然界」だと言っています。「自然が全部教えてくれるから」と。

自然の中に溶けて、「山きれいだなぁー」とか「空きれいだなぁー」と浸っているときは、自然の純粋なエネルギーと自分が溶け合っている状態です。大宇宙と一体になる感覚が味わえます。

その感覚を覚えておき、祈る際には、その周波数に身を置いて、心を静かにする。そんなふうにするのがいいと思いますね。

というのも、宇宙の仕組み自体が〝神性〟なのです。ZPF側は神様側と言いましたが、それと同じです。なので、なんらかの〝偶像〟に向けて祈る必要もないし、いわゆる〝祈りの作法〟に厳密に則《のっと》る必要もないと、私は考えています。

だって、ZPF側（神様側）は、どこにでもあるわけですから。それに、ありのままの私たちをそのまま愛し、生かそうとしてくれているわけですから。だから、その根源側のZPFに同化する（戻る）感じで祈るのがいちばんなのだと思うのです。

ミッションを忘れなければ、壁はやがて消えていく

ここまで仕事や人生における〝壁〟について話してきました。どの壁も結局は、自分でつくっているということがおわかりいただけたでしょう。

壁を消すには、周波数を変えること。周波数を変えるには視座を移すこと。「レベル1の物質層」から「レベル2の素粒子層」へ、さらには「レベル3のZPF層」へと視座を深めていくことで、壁は消えていきます。

物質側の価値観を変えるのは簡単ではありません。いまも物質世界にいるからです。目の前には物質があり、周りには物質的な価値観で生きている人がいます。その中で、自分の価値観を変え、周波数を変えるには、向かう目標がなければ迷ってしまいます。

そこで大事になるのが「何のために」という目的です。ミッションや使命と言い換えてもいいかもしれません。「何のために生まれてきたのか」「何のために生きるのか」という目的があると、迷わずに済むし、たとえ迷っても戻ることができます。

最澄さんは、こう言っています。

「道心の中に衣食《えじき》あり、衣食の中に道心なし」

道を究めようとすると、衣食住は自然と足りてきますよ。でも生活のため、衣食住のためってやっていると、道は究まりませんよ、と言ったわけです。

ミッションを見据えて生きていると、自然と生活も成り立つけど、食べていくために生きていると、ミッションは全然成り立ちませんよ、ということです。


ミッションがはっきりしているほど、日々その瞬間に、お客さんのため、社員のため、自分自身のために、自分を生かそうとして場を揺らします。この一瞬一瞬の振動の積み重ねによって、半年後、1年後は大きく変わってきます。ミッションも周波数を持つ振動ですから、**日々揺らすことによって、細かい振動（高い周波数）になっていき、波は広がって、同じ周波数の人たちとのご縁がつながっていきます。**

「えー、言ってることはわかるけど、ミッションが思いつかない」なんて声も聞こえてきそうですね。そんな人も大丈夫ですよ。本当に簡単なことでいいのです。

「周りの人たちに幸せを広げる」というミッションを見据えて行動しているうちに、ミッションの柱はどんどん太くなっていきますから。じつは、私自身がそうでした。

壁があるからこそ、ミッションはどんどん太く確かになる

私が開華という塾を立ち上げたのは、「沼田市から世界に羽ばたく人財を輩出する」というミッションがあってのことです。でも生活が成り立たないと、目先の利益に振り回され、いかに生徒を増やすか、やめさせないようにするか、ということばかりに目が向きます。

すると、私の輝きまでなくなります。生徒たちも、私や開華が「やめないように」という前に進まないエネルギーを出しているので、輝かなくなってしまうのです。

あるとき「オレは何のために仕事をしているんだ?」と思ってハッとしました。ミッションを忘れていたと。私の発振する周波数が生徒の成長を止めていることにも気づきまし

た。

「道心の中に衣食あり、衣食の中に道心なし」という最澄さんの言葉や、尊敬する吉田松陰さんのことが思い浮かびました。松陰先生の「松下村塾」ではわずか1、2年の間に数十名の門下生が世に出て、日本を変えていきました。子弟はさぞ濃密な時間を過ごしたのでしょう。「オレもできる。授業の1時間の中で激震を振るわせていこう」と改めて決意しました。

教育者・森信三先生の『修身教授録』（致知出版社）の中の言葉も沁《し》みました。

「真の教育とは教科書を教えるにとどまらず、その人の魂の奥に入ってその人の魂を揺り動かすレベルでなければならない」

この一文を読んだときに、「生徒がやる気がないのは生徒の問題じゃなく、教える側のレベルなんだな。生徒が理解してくれないのは、生徒の脳の力ではなく、オレが、教える側が、生徒の中に入って魂を揺り動かすレベルを試されているんだ」と思ったのです。

ミッションが明確だと、こんなふうに壁とぶつかったときに自分と向き合うことができます。すると、ミッションもレベル1から2へ、3へと変化していき、自然に壁が消えていきます。そうやってミッションは太くなっていくと思うのです。

すべて壁があるおかげです。壁があったからこそ、自分の発振する周波数やミッションを失っていることに気づけたわけです。加えて、知識やコンテンツを伝える技術も磨かせてもらえたのです。

ZPF側の視座でミッションを見つめる

感情がものすごく揺れ動いたとき、私たちはミッションに気づき、行動を起こしやすくなります。大きな喜びのときも、深いショックのときも、周波数はチャポンチャポンと波立つので、気づきを得やすい。それは周波数を変えるチャンスでもあります。

振り返ってみると、私もそうでした。小学2年生のときに、アフリカの栄養失調の子供たちの映像を見て、すごいショックを受けました。

「なんでこんな地球になっちゃったんだろう。どうやったら地球をよくできるんだろう。

オレだったら何ができるんだろう」というのを、8歳から考え始め、足掛け40年、ずっとそれを考え続けています。

それが結局、ミッションだったんです。いかに地球をよくできるか、というのが。

20代の頃は、批判側の活動に入りました。「電気つけすぎ」「エンジンを切れ」「コンビニの電気は明るすぎ」と声を上げましたが、思いっきり批判を浴びました（笑）。

平和を訴えているくせに、自分の周波数が平和じゃなく、批判なんです。「そんなんじゃダメ！」「もっと穏やかにしなさい！」って攻撃に行き、自分がいちばん周波数を荒らげる張本人のようになっていたんです（笑）。20代の頃、それに気づきました。

「じゃあ、平和はどうしたらいいんだろう？」と考えて考えて、考えて、こうなりました。

批判で動かすのではなく、私がいま、地球平和の周波数で存在すること――。

平和を目指すんじゃなくて、いま、村松大輔が〝平和周波数〟を響かせる。

「新時代、将来の地球はこの響きだ」という〝平和周波数〟を私がいま響かせていると、その場は、平和で揺れます。私が訪れた先々も平和で揺れます。出会った方々も平和で揺れます。私が動けば動くほど、平和が広がっていき、その周波数に存在する方々とのご縁も結ばれ、つながっていきます。

そうやって、どんどんどんどん平和が広がっていくのです。

みなさんが、**レベル2の素粒子層、レベル3のZPF層の視座を持って生きていくことで、物質層に翻弄されることなく、平和で幸せな世の中が実現する**のだと思います。

問題が解決できないのは同じ次元にいるから

この本では、仕事や人生に立ちはだかるさまざまな壁を取り上げ、レベル1～3の視座を提示してきました。

どんな悩みもどんな壁も、本人にとってはとてつもなく辛《つら》く、先を見えなくする障害物です。でも、それは同時に「レベル2のところに気づきなさいよ、レベル3のところに気づきなさいよ」というメッセージだと思うんですね。

レベル1の難問を、レベル1の尺度で解こうとしても、なかなか解決できません。

アインシュタイン博士は、そのことをこんなふうに表現しています。

「その問題が解決できないのは、同じ次元にいるからだ」

次元の高いレベルに行かないと、下のレベルは解決できないのです。次元を変えるのは難しくはありません。意識を深める、視座を深めるだけです。レベル2の素粒子層の周波数、レベル3のZPF層の世界を知ることです。

「自分に起きている現象は、自分の発していた周波数がつくっていた」ということを知るためにトラブルがある。そこに気づくと、パッとトラブルが消える。壁がパッと消える、という段階になります。これがレベル2の素粒子層です。


レベル3のZPF側は、「私はそもそも全体」「肉体の材料である素粒子を浮かべている背景側」「私も生命の根源側、宇宙の根源側のZPFだった」と気づく段階です。

この状態になると、人を攻撃することも、自分にダメ出しすることもなくなります。いじめや虐待もなくなります。自虐や自殺もなくなります。心因性から来る病気もなくなります。そうなると、社会全体が平和な周波数で揺れます。

「地球平和がミッションです」と言うと、大それたことを言って、と思う方がいます。私もかつてはそう思っていました。でも、いまはけっして絵空事ではないと思っています。量子力学の世界を知っていただき、そちら側のレベルで生きていくことによって、リアルに、現実的に、地球平和は実現し得ると感じているのです。

アインシュタイン博士の次の言葉と出会って、その思いは確信となっています。

「人間が宇宙的存在としての自らの尊厳を肉体的自我以上に自覚すれば、この世界は平和になることだろう」

それぞれの人が自分のために輝く。それが私の祈りです

経済活動も、「人から奪う」とか「人を蹴落とす」とかではなく、「弱いところを攻撃して」とか「貴金属を奪って」とか「爆弾をつくってお金にして」とかでもなく、自分の価値を最高に生かして、神様事、ご神事として、お仕事をさせていただく。

そのような意識だらけになって、日本の約1億2000万人、世界の80億人が「本来の

自分を生かそう」と思えば、地球という惑星がもっと輝くのではないか。それが私のミッションであり、たとえ私が死んだ後でも、YouTubeや本が残っていれば、それを通して私の意志は広がっていくのではないか。

私が過去に話したことも、誰かの2、3年後の気づきにつながるかもしれない。だから私もますます自分を深掘りしていくし、自分の発振した周波数がすべてだった、と気づいていく日々なのです。

人間関係、お金、ワーク・ライフ・バランスなど、いろいろな場面で「壁」と思っていることは、そもそも「レベル2」「レベル3」の視座から見ると、存在していないのです。レベル3のZPF層の状態に至ったら、どんなに心地よいか。楽だし、幸せだし、そのまま地球平和につながっていく状態。「そうなってほしい」と祈るのではなく、ただただ自分が平和な周波数で存在し続ける。

その周波数ではそもそも「壁」は存在せず、誰もが本来の自分を最高に生かしながら輝いている。それが私の祈りです。

あとがき

いくら話しても、話し足りません（笑）。でも、あとちょっとだけ追加させてください。

みなさんのひとりひとりが、日々「ありがたいな。幸せだな」という意識で存在して、職場や家庭にいます。すると、私たちの体からは「ありがたいな。幸せだな」というフォトンが飛び出ています。

自分では気づきませんが、あちこちから飛び出ていると、地球上に「ありがとうフォトン」や「幸せフォトン」の粒が増えていきます。そうなると「愛・感謝Hz」の周波数は強まります。「何粒入っているか」で、強度は違ってくるからです。

そもそも「愛・感謝Hz」は、高い周波数です。「不安Hz」や「弱みHz」「憎しみHz」を含め、すべての周波数を含有できる細かい振動数を持っていますからね。

仮に、「愛・感謝の周波数」が1億Hzだとしましょう。その周波数帯にフォトンが10

0粒あるのか、1億粒あるのかで、実現化は全然違ってきます。

周波数が高いほどエネルギーは大きく、粒が多いほど実現化も速いのです。


日頃から争っている者同士が、「どっちがいいとか悪いとか、もうどうでもいいじゃん」という状況になってきます。「愛・感謝」で揺れている人と対峙《たいじ》すると、文句を言う気が削《そ》がれますよね。それは「愛・感謝の周波数」に包まれるからです。

医療のトップジャーナリストであるリン・マクタガートさんは、こう言っています。

「意図は物理量である」と。意図にも量があるということです。計算に当てはめて予測ができる、ということです。

意図は、①周波数の高さ（Hz）②粒の量（個）と私は考えています。①周波数：愛なのか、恐れなのか　②そのフォトンの量で実現しやすいか、しにくいか、です。


みなさんは、何を意図されて生きますか？

みなさんが、本来の自分を生かし、輝いてくださったらいいな、と願っています。

そして、争いのない、調和した世の中になればいいな、と願っています。

最後まで読んでくださり、本当にありがとうございます。またお会いする日まで、私もさらに深く自分を掘り下げ、より細かい振動が発振できるように努めてまいります。

最後に。私や妻を産み、育ててくれた両親の価値観をつくってくれた先祖代々の方々。私や妻の生き方・在り方をつくってくれた両親。私の魂を開華させ、いまもずっと寄り添い、愛でいてくれる最愛の妻。私の魂をさらに練ってくれた4人のきょうだいや私の3人の子供たち。天国にいる赤ちゃん。悦《よろこ》びとともに精力的に発振を続けてくれている開華のスタッフや開華トレーナーのみなさん。YouTubeや本、セミナーなどを通して感じ、日々よりよい発振をしてくださっている方々。祈りのエネルギーを持って本書が物質化するまでご尽力くださったサンマーク出版の新井一哉様、山城稔様。英語圏にも広げてくださっている五十嵐夕子様、Wheelock和香子様。その他、仏教界の堀澤祖門先生、鍋島隆啓先生、横田南嶺先生、阿純章先生、福嶋弘祐先生をはじめ多くの僧侶の先生方、空手界の方々や倫理法人会の方々のおかげで私の人生が日々練られて本書が物質化され、世の中に出されることとなりました。本当にありがとうございました。

この考え方が世界へ広がり、世界中が真の地球平和状態で揺れ動いていることを祈っています。

本書をお読みくださったあなたがお幸せでありますように。その幸せフォトンが無限遠に響いていきますように。

2024年7月吉日

村松大輔

＼特別な読者プレゼント！／

「量子力学的」仕事術による人生大飛躍の実例集

量子力学的仕事術を実践して大きく人生を飛躍させた方々は、具体的にどのような行動をしたのか？

本書には載りきらなかった、感動的な実例集をプレゼントさせていただきます！

皆様のお役に立てれば幸いです。

プレゼント受け取り方法

①QRコードを読み取り、公式LINEを友だち追加する
②公式LINEを開き、画面左下のキーボードマークを押す
③「かべけし」と送信する
④届いたプレゼントを受け取る

あなたがますますお幸せでありますように。

↓公式LINEの追加はこちら

〈著者紹介〉

村松大輔（むらまつ・だいすけ）

一般社団法人開華GPE代表理事。1975年、群馬県生まれ。東京大学工学部卒業後、父の経営する金属製造業の会社に勤めるもうまくいかず、勤続13年を超えたころについにうつ病を患う。その後、自分が自分を大切に扱うことを学び、うつ病も克服。2013年、脳力開発塾「開華」を設立。学力を伸ばすだけでなく、量子力学をベースとした脳力開発を目的とした学習塾スタイルを提唱、成果はたちまち現れ、偏差値80台の生徒をはじめ５教科で学年トップを記録する生徒を多数輩出。また、スポーツでもフェンシング日本代表、空手道個人組手全国大会出場、卓球全国大会出場、レスリング東日本大会優勝など、目覚ましい成果を上げる。その後、小学校から大学、企業の新人研修や幹部研修、倫理法人会などさまざまな現場から講演依頼が殺到。YouTubeセミナー動画ではのべ1100万回の再生数を記録するなど、その評判はさらに広がりを見せ、全国各地に活躍の場を広げている。著書に『現象が一変する「量子力学的」パラレルワールドの法則』『時間と空間を操る「量子力学的」習慣術』『最新理論を人生に活かす「量子力学的」実践術』（いずれも小社）、『お金、成功、ご縁！ すべてが用意されているゼロポイントフィールドにつながる生き方』（徳間書店）などがある。

人生の壁がパッと消える
「量子力学的」仕事術

2024年９月５日　初版印刷
2024年９月15日　初版発行

著　者　　村松大輔
発 行 人　　黒川精一
発 行 所　　株式会社 サンマーク出版
　　　　　　東京都新宿区北新宿 2-21-1
　　　　　　(電)03-5348-7800
印刷・製本　　三松堂株式会社

ISBN978-4-7631-4156-9　C0030
ホームページ　https://www.sunmark.co.jp